謝怡慧◎編著

天天天禪

好讀出版

序

「禪」，從古德中，發現驚人的哲學智慧，發現人的對話原來可以如此珠璣。

宗教經典總因為文字不容易解讀，文章中省略太多的前因後果，加上沒有標點符號等等原因，讓人難以一窺其中奧妙，甚至望之卻步，實在可惜。

因此，本書主要從中國的禪門公案中選出經典有趣的篇幅重新編寫，並挑選與禪意相關的主題，分享生命的禪意，最重要的是以簡單好讀的角度，深入淺出，帶領讀者一起進入禪的世界，一起發現禪的美麗。

進入禪的世界的第一關是：禪是什麼？

禪師們一直強調：禪是不能講的。

為什麼不能講？因為禪的境界是言語道斷，心行處滅，不立文字，外教別傳。

講了就落入陷阱，記為文字就被限制住！奈何文字是文化傳遞的聖火，所以這把火還是要傳下去。只能提醒讀者們在閱讀中，莫要執著字眼，鑽著千年故紙，只有跳出文字描述的限制，才能體悟到更深層的意涵。

第二關：神祕的禪，是怪力亂神嗎？

「一色一香無非中道，行住坐臥都是禪。」所以禪一點也不神祕，說穿了，禪的終極目的是在幫助人認識自性，認識平常心是道，至於自性如何或是道在何方，只能說：「如人飲水，冷暖自知。」

第三關：禪可以讓人成仙、到達淨土？

禪的豁達性質讓很多人都很喜愛，甚至引為自己生命的風格，不過，禪並非萬能靈藥也不是仙丹，不能讓你從此無憂無愁，長命百歲，成仙成佛。

但是，禪將鼓勵你與憂樂一同並行於人生大道，享受「處處是蓮華，一花一淨土，一葉一如來」的美麗，相信這種滋味比什麼都更踏實。

三關已過，歡迎光臨禪的世界。

三關已過，歡迎光臨禪的世界。

——作者　謝怡慧

Contents 目錄

第三篇 大家來說禪

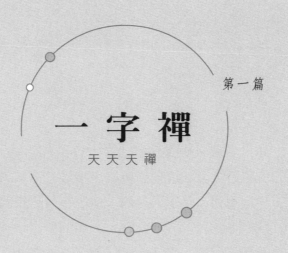

第一篇

一 字 禪

天 天 天 禪

01　迴

　　春去冬會來，花謝會再開，季節的流轉不能抵抗，世間的生命也應著四時生生滅滅，這是自然界的輪迴。

　　生生死死，天上、人間、地獄，有六道輪迴。

　　「十年河東，十年河西」，人事的分合遞嬗也是輪迴。

　　輪迴是天道，教人對自己負責，因為種什麼因，得什麼果。

　　佛經記載，無量劫前，釋迦牟尼佛曾經投胎轉世在一個小村莊的人家，這家門前有個很大的魚池，村民見魚兒長大肥美，便用魚網撈起，發給大家食用，其中有個好奇又好玩的小男孩，看到一隻三斤多重的大魚，就拿小木棍在大魚的頭連敲三下，使得大魚在地面痛苦掙扎不已。

　　這好玩的小男孩正是釋迦牟尼佛的前世，而成佛後，釋迦牟尼佛還因此受頭痛三天的果報。

　　尊貴如佛者都必須接受因果輪迴，更何況是凡人或萬物呢？人們不能自見累世因果，不知今世苦處何來，但佛家有言：「欲知前世因，今生受者是。」所以人生很苦，

因為生命的六道輪迴不由得我們的想法做主。但如果只是這樣，人的價值也未免太低了！

所幸人有最珍貴的寶藏：「覺性。」

覺性的善會減少許多我們的苦難，好比：「忍一時」，迴來的就是「風平浪靜」；「退一步」，迴來的正是「海闊天空」。起「善念」，迴來「善意」；起「惡念」，迴來「惡果」。不論善惡，當起頭跟結果相遇的時候，才知道「迴」力竟是這樣**驚人**！

人的生活中，有太多地方絕對可以聽由自己安排！而這些地方正巧湊成生命的大輪迴！只要有覺，惡因減少，善果便會增加，即使無法脫離輪迴，人生的迴也會越來越美善。

02　瞋

　　人的瞋恨心，是煩惱的根本，更是修行的一大障礙，佛教甚至把起瞋心比作「火燒功德林」。

　　據說，有個學道的人，打坐時，常有蝨子咬他。
　　後來他和蝨子約法三章：
　　「當我打坐，進入禪定之時，你不可以咬我；等我出了定的時候，你咬我，我會慈悲布施一點血給你。」
　　約定如此，從此兩造相安無事。
　　有天，跑來一隻跳蚤，聞到這修道者香醇的血，正準備好好飽餐一頓，蝨子趕忙出來制止：「跳蚤！你不可以亂來，我跟這修行人有約定，等他出定以後才能吃。」
　　跳蚤當然不管什麼約定，一口就咬下去。
　　這個修道者正在禪定之中，忽然有個東西咬他，心想：「你這個蝨子不守信用。」一氣之下，就把衣服脫下來，付之一炬。
　　於是不管跳蚤也好，蝨子也罷，皆同歸於盡。而這個修道者因為生起了瞋恨心，也毀了自己長久修習的道業。

　　瞋心往往來自衝動的情緒，這種習氣很容易使人失去
理智，做出讓自己後悔的事。

　　如何才能消除自己的瞋心呢？欣賞、讚美、寬恕、幽
默都是好方法，除了可以消除自己的瞋心，說不定能把別
人的瞋心也連帶地消除。

　　瞋恨心並非一無是處，就像刀子一般，憤怒與生氣也
可以拿來轉化使用。有時人也必須表現出生氣的模樣，來
消除許多不好或不正常的阻力來成就事情，像《孟子》裡
說的「文王一怒而安天下」。

　　所以真正的智慧是很偉大的，不只能把瞋恨心化掉，
也要能使用它，化腐朽為神奇，把瞋化為「成所作智」：
一種能應用自我之能來成就所應作之事的大智慧。

禪

03　惘

　　迷惘是世界上最大的一張網，不僅最大，網眼也細，幾乎難有漏網之魚，任何人來到這世上，很難有不被俘虜的。

　　這張網可怕的地方更在它的千變萬化：

　　年幼時，人們因為無知困在迷惘；年長些，沉溺於情愛之網；再多一些歲數，就掉入名利權勢之網。如此，網網交纏，難以免疫逃離，人生豈能不痛苦？

　　佛家有言：「一念天堂，一念地獄。」人的心亡失，勢必再難心平氣和，久而久之變成可怕的習氣，帶來無盡的惡夢。

　　一天，一位威風凜凜的武士織田信茂去到寺院找住持白隱禪師，恭敬地向禪師頂禮後，道明來意：

　　「請禪師指點，是不是真的有天堂、地獄。」

　　禪師看他開門見山地提出問題，很快地回答：

　　「憑你這副像乞丐一樣的德性，有資格問嗎？」

　　武士聽了頓時怒火中燒，抽出一把鋒利的武士刀，要向禪師砍去。

禪師如定石不動，帶著微笑說：「你現在就在地獄。」

這句話有如當頭棒喝，武士立刻把刀子放下，跪在禪師面前懺悔。

這時，禪師又對他說：「你現在的心就在天堂。」

武士很慚愧地說：「這些年，我努力習道，原以為學得的武士精神不離禪法，離成功圓滿的境界不遠，今天才明白自己與人生禪法的距離還這麼遙遠，真是慚愧！」

我們也常自以為習得了許多人生的道理，已經擁有豐富的人生經驗，甚至自以為看破紅塵俗世，但事實上呢？陷在自身的七情六慾不可自拔！說穿了，終究是在慾望中迷惘的人罷了，只是沒有禪師當頭棒喝，還沾沾自喜，自以為清明啊！

 04　靜

　　有一個農夫打掃完馬廄時，赫然發現他的懷錶不見了，這個懷錶對他的意義重大，是過世的太太送的。他馬上返回馬廄尋找，可是，幾乎把整個馬廄都翻遍了，還是沒有找到。

　　農夫走出馬廄時，外面正好有一群孩童在玩耍，他絕望地向那群孩童說：

　　「誰能幫我找出我掉的懷錶，我就送給他一籃雞蛋。」

　　於是孩童們一窩蜂地跑進馬廄裡尋找懷錶，一會兒，孩童們也都失望地走出馬廄，沒有人找到懷錶。

　　農夫又氣餒又難過，這時候，一個孩童說：

　　「我可以再進去找一次嗎？」

　　農夫心煩無力地說：「隨便你吧！」

　　沒多久，孩童竟然拿著農夫遺失的懷錶走出來。

　　農夫很驚訝地問：「你是怎麼辦到的！」

　　那個小孩回答：

　　「我什麼都沒做，只是靜靜地坐在地上，靜靜地，我聽到了滴答、滴答的聲音，就找到啦！」

　　這個故事對你有意義嗎？

　　現在的社會太過混亂，太過吵雜，太過紛擾，我們有多久不曾好好地安靜坐下來，聽聽自己的聲音？

　　每天一早出門工作，坐在車上要開上一段醒腦的熱門音樂；到了辦公室要開始辛苦處理各方的擾亂雜音；忙碌了一天，拖著疲憊的身體回到家後，就是打開電視，聽著可怕的新聞報導；連深夜睡覺時，窗子都擋不住車子呼嘯而過的引擎聲。

　　耳朵是五官中唯一「沒法自己控制關閉」的器官，正因為如此，安靜、沉靜、清靜，變得越來越可貴，也成了越來越多人追求的境界。

　　「靜」，不只是要求耳根清靜；當我們不斷地汲汲在工作或生活上時，試著靜下心，好好想想，我們方法及方向，是否正確？靜下心來聽聽自己內心深處的聲音，靜下心來聽聽許多弦外之音。

禪

O5　染

　　潔淨是使人心情平靜的第一步，絕大多數的人也都喜
歡乾淨。

　　外表清潔，可以給身邊的人良好的印象，相信大家都
認同：剛沐浴完的香氣是最讓人覺得舒服的味道，而再來
的香水、香膏、髮雕、髮油……等帶來的氣味與感受，恐
怕就見仁見智了。

　　所以外表的「潔淨」很簡單，將污垢與味道清洗乾
淨，修飾整齊，就已足夠。

　　但內心的潔淨呢？

　　心，是他人看不到卻可以感受得到的地方，心的潔淨
與否，自己最清楚。惡念生，顏色就深；善念起，顏色也
彷彿跟著清亮起來。

　　有僧向徑山洪諲禪師請教污染的問題：

　　「如霜雪一般潔白，如何？」

　　禪師答：「仍是污染。」

　　來人又問：「那怎樣才是不污染？」

　　禪師答：「五顏六色！」

　　見過滿天霜雪的人，大概都曾經被那潔白又蕭冷的景象所感動。皓皓白雪，當我們置身其中，幾乎誤以為自己也如此潔白，也許，我們也被這樣的潔白污染。

　　見過滿天雲彩的人，大概也要因為五彩絢爛的光彩而陶醉。

　　眼見霜雪，我們自以為潔白；眼見彩霞，我們也可以化作虹彩；山是綠的，天是藍的，有這麼多不一樣的色彩、不一樣的美麗，執著於一樣，就是「污染」。

　　許多人渴望纖塵不染，對自己要求完美，有個污漬便焦躁不安，所以喜歡潔白、喜歡晶瑩剔透，但是從禪家的觀點來看：做作就是污染，靠人工做出來的潔白與晶瑩，都是另一種污染，真正的無染應該是天然，或許是五顏六色、光彩奪目，但絕非強加漂白。

06 漸

很多人都聽過「煮青蛙的故事」：

將一隻青蛙放在大鍋裡，裡頭加水，再用小火慢慢加熱。青蛙覺得水溫慢慢變溫暖，很舒服，不知反應，等到水溫極高，青蛙想要跳出熱水時已經懊悔莫及。

人的習氣也是如此，在漸漸中……漸漸中就被潛移默化，失去了原本的自我，失去了原本的判斷力。

豐子愷就寫過文章感嘆：「使人生圓滑進行的微妙要素，莫如『漸』；造物主擺弄的手段，也莫如『漸』。」

「漸」就像海浪侵蝕海岸，一點一滴，蠶食鯨吞，不疾不徐，在瑣碎裡，就要人血肉飛濺、皮開肉綻，不知不覺，太可怕。

漸漸地，春而夏，秋而冬，人的臉上又多了好幾條細紋、多了好幾塊斑，外相早已不知不覺地漸漸改變，時間一分一秒地運轉，大自然固守它的法則，人無力抵抗，也無力改變，歲月逝去就是逝去，沒得商量。

漸漸地，最可怕的卻不是外表事物的改變，而是深藏在人心底部的覺識。

　　有沒想過，許多原來是錯的事，為什麼「漸漸」積非成是呢？許多原本可恥的事，為什麼「漸漸」人人引以為傲？——是人心在變，變得無聲無息，讓你再回首已是百年身！所以，內心的意識、價值、心態上的「漸」，才是最可怕的。

　　禪宗講「頓」，也講「漸」，所謂的頓跟漸，是禪宗解釋悟的狀態：禪者一生的修行，只是為了「一剎那」的頓悟，然而卻需要耗上「一生」辛苦的修行，所以你說，這到底是漸悟，還是頓悟？沒有之前的苦行，哪來的頓悟，沒有地基，如何造出空中樓閣？

　　我們是普通人，是平常人，對於人生，要談頓悟太難、也太遙遠，所以何不慢慢在生活中累積漸悟？不斷修正自己的習慣，調整生活的方向，莫要沉迷於習氣，常常自省，利用「漸」的能量，自然漸漸進步。

07　觀

　　人最大的敵人往往是自己，看不清楚自己的本心，心被社會所賦予的價值觀束縛遮蔽，表面上所展現出來的行為或是思考，其實多是社會規範過後的「死腦筋」：「制約」！這就是為什麼越來越多人鼓勵創意，喜歡搞怪，甚至從「腦筋急轉彎」開始。

　　所以「觀」什麼？觀自己。

　　在布萊恩‧魏斯醫師所著的《前世今生——生命輪迴的前世療法》一書中，作者曾經問透過案主發聲的神靈說：「為什麼祢說我們是平等，實際上卻非如此？我們的美德、脾氣、財產、權利、能力、天賦、智慧等等，沒有一樣是相等的？」

　　「祂」透過案主回答：「這好比每個人心裡都有一顆鑽石。想像一顆一呎見方的鑽石，它有一千個面，但面上蒙了塵土。靈魂的工作就是去清潔這些面向，使它恢復光采，能反射彩虹的多種顏色。」

　　鑽石是七彩放光的，但是由於鑽石上有灰塵，光彩就被遮掩。就神靈所傳達的意思，我們表面的不平等，正如

禪

鑽石上的灰塵厚薄不一樣，但我們的本心就像鑽石都能放光一樣，平等相同。而這不正是釋迦牟尼佛向我們所揭示的：「一切眾生皆有如來智慧德相，但因妄想執著不能證得。」

所以在人生中，我們要修行，來清潔鑽石的每個面向。在這之前，還必須能夠看到自我此生此世需要清理的面向何在，灰塵在哪，這就是「觀」。

《心經》第一句話稱：「觀自在菩薩」。是以要觀，才得自在，一旦自在，便無處不在。

想要自在，就要「觀」，但要如何觀呢？

清靜本心，不加任何評論、意見、習性、情緒，學習去抓住自己第一個念頭，這需要長久的練習。

O8　心

心的力量無遠弗屆，心的功用亦是如此。

心可以瞬間造一根毫毛，瞬間造一座城，也可以在虛無中創造出任何東西。

現代很多人為了修心，流行去朝山，去打禪三、禪七。然而有些人參禪修身不修心，他端身正坐、儀容莊嚴，但是心裡的貪、瞋、癡和人我，一點都沒有去除。

也有的人參禪只重視心的淨化，對於外表的莊嚴，一點也不注重，例如濟公禪師，他們「內祕菩薩行，外現羅漢相」的禪境很高，但是表現在外的卻是怪異的樣子。

禪者參禪用功，心容易跟著身體的變化而浮動，所謂「心隨境轉」。例如：眼睛痛，心就隨著眼睛痛而不能自在；腿酸腳麻，心裡就隨著痛苦不堪。

但是，心的力量是可以訓練的，心具有超越身體外在的力量。參禪則可以把心的力量訓練自如，所謂「心能轉境，不為境轉」。

心有時候，是存在生活裡面的。我們常為痛苦動心、為快樂動心，為人我是非或是別人的一句話而動心，這都

是修行不夠，力量不足。

　　所以，我們要能夠面對苦樂、貧富、榮辱，不改本心，擁有自主、自由、自在的生活。這是多麼不容易呀！

　　有個信徒供養許多金錢給趙州禪師，請趙州禪師替他誦一卷《法華經》。

　　趙州禪師下了禪床，繞了禪床一圈說：

　　「《法華經》誦好了。」

　　《法華經》二十八品，數萬言，趙州禪師只走了禪床一圈，就能誦完？

　　禪師是真正發心參禪的人，他的心亦是菩提心。菩提心一發，所謂「寸香能消斗金」、「老僧一炷香，能消萬劫糧」。他的一念禪心，功德足以回向信徒有相的布施。

　　所以，能夠一念歸於無念，一滴歸於大海，一心包容虛空，才是真正的「禪定」。

09 省

時時刻刻的反省自律，是成就道心的最好學習。

在我們平凡的生命中，難免會一時犯錯，對事或人產生偏見，所以我們要時常反省，懺悔自己的行為及意念，期許自己走回正道。

看到他人有過時，能心生警惕；看到別人的優點時，能勉勵自己學習。

曾子在兩千多年前就說：「吾日三省吾身。」

每天一定拿三件事自我反省：幫人處理事情，有沒有盡力？和朋友來往，有沒有誠實？老師教我的，有沒有好好複習？

為什麼要反省？──人，常常會抱怨別人、埋怨環境，而從不反省自己的缺點，以至於缺點沒改進，朋友也跟著一個一個遠離，還抱怨自己生活不順遂，命運坎坷！事實上，真乃他人滿身是非，只有你自己沒問題嗎？

客官們不妨聽聽下面這個故事：

有隻烏鴉匆匆忙忙的往南飛，飛累了，正想停在樹上休息，這樹的另一梢也有一隻鴿子在休息。

鴿子問烏鴉：

「烏鴉大哥，你飛得這麼急，想上那兒去！」

烏鴉說：「我想搬到南方。」

鴿子好奇的問：「為什麼想搬家？」

烏鴉抱怨地說：「北邊的人，嫌我歌聲難聽，不喜歡我。我住不下去，只好搬家！」

鴿子搖搖頭說：

「你搬家，問題就解決了嗎？我看可不見得！」

烏鴉不服氣地問：「為什麼？難道你會預測未來？」

鴿子說：「很簡單的道理啊！如果你不努力唱出美妙的歌聲，南方的人一樣也不會喜歡你。」

當你覺得周遭環境不如意時，不妨定心自省找出問題的真正所在，加以徹底解決，才是最佳辦法，一味的逃避問題，對自己與事情可是沒有幫助的哦！

10 笑

心理學有個有趣的調查指出：孩子生氣在意的時間，平均約三分鐘；而大人生氣則會記得三十天。

根據董氏基金會的一項調查，台灣多達一成半的人是天天生氣一族，而六成以上的人平均每周生氣一次。

這結果顯示一半以上的人，每個禮拜都有一次心情不舒坦的時候，此種心理狀態不只影響個人的身心健康，也影響了我們的生活品質。而現代醫學證實，生氣動怒對人體健康可是百害而無一益。

曹操〈短歌行〉中：「譬如朝露，去日苦多。」

人生已經宛如朝露苦短，為什麼我們還要不快樂？

天天憂悶不樂就能解決問題嗎？

終日以淚洗面，日子就會變得更美好嗎？

相反的，時常生氣的人，不僅覺得生活痛苦，還會覺得時間漫長難熬。而快樂的人，心情輕鬆，腳步輕盈，日子根本不夠用。

研究情緒的心理學家發現，情緒不只是大腦中的活動，事實上，身體的每個細胞都會接收及傳送情緒，也就

禪

是說，情緒也記憶在肌肉裡。

　　所以當我們牽動臉部及身體的肌肉，表演出各種不同的情緒狀態的時候，也同時將訊號傳回大腦，進而誘發出真實的情緒感覺。所以，我們不僅能因為感到開心而大笑，也能藉著大笑而感到開心。

　　這裡告訴大家，情緒是可以靠著外在練習的。

　　當你覺得痛苦的時候，強迫自己笑，強迫自己做快樂的表情、動作，你的身體會生出快樂給你。

　　如果發現效果不彰，嗯，那可能是你演技不佳，不夠裝模作樣。你需要更投入，將這情緒化入自我才是。

　　多笑笑，你會發現，人世間的許多事，靠著我們的微笑，都可以面對。

11 壽

世人多想長壽，道教的人修行更是為了長生，市面上許多五花八門的健康產品多標榜淨化，然而壽命長短雖非是人所能決定的，但生死簿上的紀錄卻也不一定準確。

《了凡四訓》是改造命運的寶典，其中的「積善之方」，即努力行善，更是讓了凡居士徹底改變命運的良方，這神奇的良方在現代科學的研究中，竟然呼應相成。

美國耶魯大學和加州大學跟蹤調查了加州阿拉米達縣七千位居民，密西根大學調查研究中心對兩千七百多人進行了十四年跟蹤調查，三所大學得出相同結論並向世人宣布：「善惡影響人壽命的長短。」

研究人員在以「社會關係如何影響人的死亡率」為課題的研究中，驚訝地發現：

一個樂於助人、和他人相處融洽的人預期壽命顯著延長，在男性中尤其如此；相反，心懷惡意、損人利己和他人相處不融洽的人，死亡率比正常人高出一點五至兩倍。不同種族、收入高低、體育鍛練以及生活作風等，都不能影響這個具有普遍性的正確結論。

研究人員更發現，一個善良的人長壽的原因是：

從心理角度看來，樂於助人可以激發人們對他的友愛感激之情，他從中獲得的內心溫暖，緩解了日常生活中如影隨行的焦慮。而從免疫系統角度來看，常常行善，有益於人體免疫系統。

哈佛大學進行了一次實驗，讓學生們看一部紀錄片，影片中紀錄了一位美國婦女終生在加爾各答救助家人和殘疾者的經過。學生們被她的生動事蹟所感動，隨後對這些學生唾液進行分析，發現他們免疫球蛋白A的數量比看紀錄片前增加了，這種抗體能防止呼吸道感染。

人生活在世界上，如果經常面對周圍人們對你的深深感激和溫暖，身心處於一種和諧的境地，就會感到越活越有意思，越活越年輕。

所以，想要長壽，就必須要使自己多做好事，多行善積德，與社會及周圍群眾和睦相處才是。

12 慢

　　這裡的「慢」，不是談速度上的快慢，是佛經中的五毒「貪、瞋、癡、慢、疑」中的「慢」，簡單地說就是「傲慢」。

　　有個故事說：左宗棠很喜歡下棋，而且是箇中翹楚，他的僚屬皆非其對手。

　　有次，左宗棠要前去出戰，途中微服出巡，看見有間不起眼的茅舍，樑上掛著匾額：「天下第一棋手」。

　　左宗棠一看，心生不服，遂入內與茅舍主人連奕三盤，主人三盤皆輸，左宗棠笑道：「你可以將此匾額卸下了。」隨後，左宗棠自信滿滿，興高采烈的離去。

　　過沒多久，左宗棠班師回朝，路過此處時，赫然發現「天下第一棋手」的匾額還在樑上。於是左宗棠又入內，再向主人挑戰三盤，想讓茅舍主人心服口服。

　　這次，左宗棠三盤皆輸，他大感訝異，問茅舍主人：「何故如此？」主人便答：「上回，您有任務在身，要領兵打仗，我不能挫了您的銳氣。如今，您已得勝歸來，我當然全力以赴，當仁不讓。」

　　人的外表美善或是才華洋溢，都是值得讚嘆的，然如能夠心懷慈悲與謙讓，更會幫天賦才華加分。若然深陷在自我的美好，增長傲氣和慢心，如此反成多層障礙與束縛，使他人更遠離你。釋迦牟尼佛就曾說：「『我慢心』不除，就算修禪定有了成就，亦必淪為魔神阿修羅。」

　　「我慢」是人人的通病。心理學指出，傲慢自大和自憐自卑很多時候是一體的兩面——自卑是慢的反面，屬於同類，性質是相同的，自卑的人想經由一種偽裝或膨脹，讓自己看起來比較偉大。

　　所以，有慢的人可能是自大，也可能是自卑，然而這些情緒個性的存在都會阻礙生命的成長。

　　想要破除「慢」的盲點嗎？平等與尊重是好的開始。

　　生命平等，尊重生命，置優劣於一旁，不管地位高低，尊重世間一切的安排，傲慢心終會慢慢離去。

禪

13 念

　　念頭是難以捉摸的，跟個人經驗息息相關，對待同樣的一件事、一句話，不同的人會有不同的想法。因此千千萬萬的人，就會起千千萬萬個念頭，形成千千萬萬個結果。但是回歸到原來的地方：還是只有一件事、一句話。

　　兩個不如意的年輕人齊去拜訪師父。兩個人都問：
　　「師父，我們在辦公室被排擠欺負，實在太痛苦了！求你開示，我們是否該辭掉工作較好？」
　　師父閉著眼睛，隔了半天，緩緩吐出五個字：「不過一碗飯。」就揮揮手，不理他們了。
　　回到公司，一人遞上辭呈，回家種田；另一個卻沒有任何動靜。光陰似箭，轉眼十年過去了。回家種田的，以現代方法經營，加上品種改良，居然成了農業專家；另一個留在公司的也不差，他忍著氣努力學，漸漸受到器重，升到了經理的位置。
　　有一天，這兩個人又遇到了。
　　奇怪，那天師父給我們同樣「不過一碗飯」這五個字，我一聽就想通了！不過一碗飯嘛，日子有什麼難過？

何必硬留在公司？所以我就辭職了。

　　農業專家問另一個人：「你當時為何沒聽師父的話？」

　　我聽了啊，那經理笑道：「師父說：『不過一碗飯。』我只是想，不過是為了混碗飯吃，老闆說什麼就是什麼，少賭氣，少計較，不就成了嘛。師父不是這個意思嗎？」

　　兩個人又去拜望師父，師父已經很老了，仍然閉著眼睛，隔半天，答了五個字：「不過一念間。」

　　很多事情好壞的認定，都在一念之間，命運的好壞差別，也就在於他的想法。想好想壞樂觀的程度，是平常就可以培養的思緒，常讓心保持在平穩狀態，碰到事才不會怨天尤人，很快就能轉脫。

禪

14　專

「專」，有專一、專心、專門、專業、專注等意，用上「專」才有機會成為專家或達人。還要腦筋活用，才不會成為一隻訓練有素的狗。

一位秀才來拜訪歸宗智長禪師，態度傲慢，姿勢甚高。禪師便問秀才：「你專攻哪些經史？」

秀才說：「我熟悉二十四家書法。」

禪師伸手向空中點一點，問秀才：「你明白嗎？」

秀才說：「不明白。」

禪師說：「還講什麼熟悉二十四家書法，連這永字八法你都不知道？」

做任何事都該認真專精，譬如挖井，在一個地方挖兩、三尺沒水，又換個地方挖，挖來挖去挖不到水，只留了一堆窟窿在地上。

人們常犯這樣的毛病，不斷追求五花八門的世界，卻不做最基本的功課；本末倒置，不斷追逐外在的事物，忘卻本身俱足的佛性。

　　雖然能博覽群書絕對是一件好事，但是若都只懂得皮毛，樣樣通，樣樣不精，要個想法也說不出個所以然來，怕也只是一無是處。

　　現代社會日漸重視證照制度，專業度的要求越來越重要，能夠好好弄通一樣事物的人，往往才是有機會成功的人。

15 悟

　　智永禪師是王羲之的第七代世孫，與其兄一起在山陰永欣寺出家，人稱「永禪師」。

　　相傳他在永欣寺閣上臨書三十年，曾有幾年不下樓的記錄，寫壞的筆頭裝在容量一石的竹簍中，達五簍之多。後來他把這些筆頭埋起來，立了小石碑，題曰：「退筆塚」。

　　當時，各方前來求字的人很多，把寺裏的門檻磨穿了，禪師不得已，便用鐵皮把門檻包起來，人們稱之爲「鐵門限」。

　　永禪師的書法造詣極深，練習時專心一意，甚至曾經多年不曾下樓。

　　有僧問禪師：「達摩面壁九年，是爲了什麼呢？」

　　永禪師答：「因爲睡不著。」

　　禪語直接截斷僧人對佛法的執念，是永禪師所想傳達的悟吧！

　　機敏的趙州禪師禪風活潑捷巧，乾淨俐落，有僧問趙州禪師：「如何開悟成佛？」

趙州禪師不直接回答，只是站起來說：

「我要去小解了。」

走了幾步，又回過頭來說：

「你看，這一點小事還得我自己去呢！」

想要開悟，想要成佛，是何等的大事？但開悟成佛豈是外求可得？佛法要靠我們自己證悟自性，證悟自己的禪心，不可能盜得來。

禪師們在對話中透露出，悟的本質不在執著，更非從書中或是從他人的言語中可以剽竊，他們沒有辦法直接告訴你從心而來的悟，因為禪「說一即不中」，只能透露出當中的慧光，希望來人可以看到，可以自證。

禪

16 執

做實驗往往要有實驗組跟對照組，心理學家把失眠患者分為兩組：一組施以鬆弛身心的訓練，另一組除了做相同的訓練外，還給他們每人一顆藥丸，並告訴他們這藥有助睡眠。事實上那顆藥丸與睡眠無關，只是用來安慰病人而已。

結果，服用安慰劑的一組，在睡眠上有顯著的改進。由此可見心理意識對個人行為影響有多大。

告訴你「執」的可怕：

宋朝末年趙子昂是有名的畫馬專家，他天天想著馬的姿態、馬的動作。

有一天宋子昂在屋裡睡覺，客人來訪，他的妻子要叫醒他，一掀開帳簾，竟然看見一匹馬躺在床上。

一心念什麼就變什麼，既然如此，為什麼不放些美善的事物在心裡呢？

今日社會資訊發達，越來越多人懂得激勵自己、鼓勵自己，這樣的想法，讓人生更積極進步。

所以既然要執，不如就執些對的事情。

　　心理學家衛斯曼花了近十年時間調查何以有些人一直都走運，他在赫特福夏大學主持一個叫「幸運學校」的研究單位，試圖教導一直走楣運的學生變成幸運兒。

　　從這些一直倒楣的人身上，他發現，幸運與否和智力、心智無關。

　　衛斯曼歸納出四項好運的原則，例如：預期自己會有好運；時時提醒自己把握機會；傾聽「直覺」，照著對人或事的「預感」去做；想像事情可能會更糟，以檢視解決問題的辦法，來應付霉運或加以扭轉。他的學生竟然有八成轉運的成功率！

　　所以，既然要執，請執對事物！

17 苦

分享一則值得深思的故事：

一位年老的大師身邊有一個很愛抱怨的弟子。有一天，大師派這個弟子去買鹽。弟子回來後，大師吩咐這個不快活的年輕人：

「抓一把鹽放在一杯水中，然後喝了它。」

「味道如何？」大師問。

「苦。」弟子皺起眉頭吐了口唾沫。

大師又吩咐年輕人把剩下的鹽都放進附近的湖裡。弟子於是把鹽倒進湖裡，大師說：「去嚐嚐湖水。」

年輕人捧了一口湖水嚐了嚐。

大師問道：「什麼味道？」

「很清甜。」弟子答道。

「你嚐到鹹味了嗎？」大師問。

「沒有。」年輕人答道。

這時大師對弟子說道：

「生命中的痛苦就像是鹽，不多也不少。我們在生活中遇到的痛苦就這麼多。但是，這些痛苦體驗之深淺卻取決於我們將它盛放在多大的容器中。」

　　你痛苦的時候，我可以安慰你一千遍，傷心的時候，我也可以陪著你幾天，但是，那終究是你的痛苦。要知道安慰人的話，說來簡單容易，說的人不痛不癢，因為事不關己。

　　人生很苦，常會發生很多痛苦的遭遇，有的人覺得是苦，另一個人並不覺得，為什麼呢？

　　看看這故事，站起來，走一走吧！需要人安慰，就去找個朋友，但是透露過痛苦之後，看看外面的世界，把世界放進你的心裡，那些讓人傷心的事物，就變得渺小。

　　學習將心量放大，你所要經驗的苦痛就越不在眼內，你的人生就越顯得順遂，因為苦在你的心中已經不是苦，只是生活中的經驗，只是一些調劑，或許在苦進入的時候稍微波動一下，但一下就稀釋消化，那一點點的悲哀依然存在，然那只是一點點的悲哀苦惱。

18　　　痴

　　關於生命哲學，有一個很有意思的問題值得省思，這個問題可以提醒很多人想想自我生命的意義：

　　「彗星即將撞上地球！假如地球二十四小時之後就要毀滅，你想做什麼？」

　　一般年紀超過二十五歲的人，多選擇跟親人好好相聚；年紀少於二十五歲的人，還想多做一些沒做過的事；而孩子們的答案，全是玩個過癮。你會想做什麼呢？

　　很有趣，年紀越大，答案越保守。每個人的答案都不太一樣，但是，歸納後又會發現本質上大同小異。

　　從中，不禁要省思答案背後的意義：為什麼年紀大的人多想和親人相聚？而年紀小的卻只想要玩呢？

　　現實生活中，人必須工作，工作與家庭又難以兼顧，所以天秤兩端常要傾斜，為了經濟壓力，又往往是工作必須置重，和親人相處的機會減少了，回答問題時，自然希望能重拾親情。

　　當我們不懂世事的時候，玩應該是最大的任務，可是現在的孩子真可憐，沒有童年，課業壓力大，光是補習就耗去大部分的光陰。所以孩子們當然希望玩個盡興。

　　唉！這就是「痴」呀！

　　孩子們不能生活得少一點壓力嗎？

　　長大成人，有了工作就不能重視家人了嗎？

　　明明可以不留遺憾，卻自以為自己還有很多機會，而錯失生命珍貴的部分，這不是痴嗎？

　　同樣的問題，問了許多人，卻只有少數一、兩個人，跳出框來，問：

　　「可不可以用二十四小時挖一個防空洞呀？可不可以造一架太空船飛走？說不定有機會活下來呢！」

　　上課的時候，同學腦力激盪的回饋往往也使我成長，是呀，為什麼不可以？我為什麼要「痴」在一個假設性的問題裡邊呢？

19　夢

從樹上跌落黑暗深淵，尖叫一聲，**驚醒**，是夢。

被一群孤魂野鬼追到上氣不接下氣，**嚇醒**，是夢。

撿到珠寶，莫名消失，**怨醒**，是夢。

爬山踏青，心情美好，**甦醒**，還是夢。

是夢？是幻？是眞？是實？

有誰在夢中的時候知道自己正在做夢？有誰能如此明心見性？大部分的人在夢中都有過不自覺的舉動，那就是眞實自我的本性。

唐朝沈既濟寫了篇〈枕中記〉，述說：唐朝開元年間，一個窮困潦倒的盧姓書生，路過邯鄲的途中，在一家旅店裡巧遇一位呂姓道士，兩人相談甚歡。

言談中，盧生感慨自己人生不得意，有志難伸。交談了一陣子，盧生感到疲倦，此時旅店的主人正在蒸煮著黃粱飯。

道士見盧生想休息，就拿了一個枕頭給盧生，說：「你枕著這個枕頭好好睡一覺，就可以如你所願，得到人世間的榮華富貴。」

禪

　　睡夢中，盧生娶了崔氏大戶人家的女兒爲妻。仕途順遂，連連升遷，位高權重，擁有很多良田、宅第、美女和馬匹，享受無盡的榮華富貴，一直活到很老才死去。

　　此時，盧生因爲伸了個懶腰而醒了過來，發現自己睡臥在旅店中，而道士仍在身邊，旅店主人的黃粱飯都還沒有煮熟呢！

　　他感到很驚訝，眼前所看到的事物都和原來的一樣，沒有任何改變，就說：「難道那些榮華富貴，都只是一場虛幻的夢境嗎？」

　　道士回答說：「現在你應該知道，人一生所追求的，不過是一場夢而已。」

　　在夢裡，火不能焚身，痛也是假象；人生是一場大夢，但眞實人生的火會炙人，痛會磨人。

　　雖說人生如夢，實在是勉勵大家莫要執著追求轉眼成空的富貴榮華，忘卻眞正重要的本心。

20　疑

「我很敏感，又很自卑，常常覺得別人在講話時，好像在批評我，對我指指點點。」

「我女朋友昨天打扮得很漂亮出門，手機又沒接，一定是在外面做見不得人的事情。」

「我的錢不見了，今天同學還有錢買零食，說不定是他偷的。」

過度的懷疑會造成人際間的疏離、猜忌和恐慌，人我之間如果盡是疏離猜忌，可以想見那生活會有多麼痛苦。

佛陀為了闡明「信」能離苦得樂，曾說過一個故事：

從前有一個人，想吃蘋果，便差遣他的佣人去買，並囑咐說：「買甜的，如果不甜就不要買。」

佣人拿了錢就去市場，商人對他說：

「我這裡的蘋果每個都是甜的，你嚐一個就知道了。」

佣人說：「我嚐一個怎麼能知道全部呢？我還是嚐一個買一個，這樣才靠得住。」

於是，佣人每挑一個就嚐一口。果然每個都很甜，他便把自己嚐過的都買回去。

回到家裡，主人看見每個蘋果都被咬過，一個也沒有吃，就把整籃蘋果丟掉了。

疑對感情的殺傷力很大，尤其是在兩性之間，疑心太重，不僅無法做理性判斷，還會嚴重影響情緒。

多疑的人也常是沒有安全感、沒有信心的人，當你對人起疑心的時候，要學習試著用理性的方式溝通詢問，而不要只是將迷團放在心裡，一旦迷團發酵膨脹，說不定會演變成控制不了的局面。

人要保持適度的危機意識，但是不能處處狐疑。

多疑，心就亂，更容易模糊事情的真相，反而失去光明的覺照。

禪追求安定，修禪可以提高人的安定性，安定性一提高，許多事情的答案迎面而來，問題也會跟著迎刃而解。

21 覺

你曾想過，一個人若沒有感覺是件多麼可怕的事嗎？

跌倒流血不會痛，被針刺到不會痛，被火燒到不會痛，請問，這個人還能安全活著嗎？

各種感覺都是一套指標測量器，告訴我們現在外界的刺激有多強。如果沒有痛覺，身體被水燙起水泡不自知，心痛不自知，多可怕呀！你以為沒痛覺就萬事太平嗎？拖著這身皮囊就是大問題！

身體的感覺我們很熟悉，也比較懂得卸下；但是心靈上的感覺，就不是想像中那麼容易提得起、放得下了。

一位講師在壓力管理的課堂上拿起一杯水，問同學說：「各位認為這杯水有多重？」

有人說二十公克，有人說五百公克不等。講師則說：「這杯水的重量並不重要，重要的是你能拿多久？」

拿一分鐘，各位一定沒問題；拿一小時，一定覺得手酸；拿一天，可能就要叫救護車了。

其實這杯水的重量是一樣的，但是你若拿越久，就會覺得越沉重。

　　就像我們承擔著壓力一樣，如果我們一直把壓力放在身上，不管時間長短，到最後就會覺得壓力越來越沉重而無法承擔。

　　我們必須做的是放下這杯水，休息一下後，再拿這杯水，如此才能拿得更久。

　　身體是活的，對身體承受的壓力有感覺，才能維持身體的健康；我們也要讓自己的心活起來，注入更多覺照，能察覺出自心的狀況，給予適當的照顧，才不會讓壓力給壓壞了。

22　斬

　　西藏有一位偉大的瑜伽行者，有一天他正在修一種大法，一位強盜手拿刀子，爬到他背後，趁瑜伽行者正在搖手鼓和其他法器時，一刀割掉了他的頭，頭顱滾到地上。

　　瑜伽行者毫不在乎地，把他的頭撿起來，裝回去，並且繼續修法。

　　強盜一語不發地瞪著他，直到瑜伽行者把法修完，強盜才說：「噢！我真想殺你，很想殺掉你！」

　　瑜伽行者答說：「我死會讓你快活嗎？如果是，我馬上就死在這裡；而我唯一的願望是將來有一天，我能砍掉你那個『我執』的頸子。」說完他馬上倒地而死。

　　瑜伽行者的一舉一動，毫不造作，自然而發，臨死前還替自己和強盜之間的將來結了一個緣。

　　在後來的一世中，強盜成了他的弟子，由著這個因緣及強盜自己的祈求，他引導那位強盜走向了解脫之路。

　　懷慈悲心腸，行霹靂手段，面對著不一樣的因緣，必須有不一樣的解決方式。

　　有時一味地包容是痴傻，因爲離「覺他」的路太遙遠。就像「南泉斬貓」、「歸宗殺蛇」，手段激烈，甚至犯了佛戒中的殺生，但何嘗不是爲了一起斬殺斷我們的煩惱？

　　文殊菩薩是佛陀的大弟子，智慧、辯才第一，是眾菩薩之首，象徵「大智」，和觀音「大悲」、地藏「大願」、普賢「大行」並稱「四大菩薩」。

　　文殊的右手持劍，象徵智慧之利；坐騎爲獅，表示智慧的威猛，正象徵以活人劍斬煩惱魔，乘著智慧的威猛降服一切怨敵。是以即便是大智慧的菩薩，也有需要持劍行霹靂手段的時候。

23　療

　　一個媽媽的孩子突然暴斃了，可憐的孩子才五、六歲，她悲痛欲絕。

　　這媽媽跑去找釋迦牟尼佛，說：

　　「佛啊！你可不可以把我的孩子救回來，我太痛苦了，如果這個小孩不能救回來的話我也會痛苦死的呀！」

　　釋迦牟尼說：「可以，但是有個條件。」

　　女人說：「什麼條件？我一定會去做的。」

　　釋迦牟尼回答：「很簡單，你去跟一戶家裡沒有死過人的人家要一顆芥末子。」芥末子是印度常見的香料。

　　這媽媽聽了很高興，馬上到處去要，一家一家地問，試問她要得到嗎？

　　腳磨破了，喉嚨也問話問痛了，這時她才明白：

　　「這是每一個人都必經的路呀！這麼大的痛苦或是挫折，沒有一個人家沒有經歷過。」

　　人常會遇到許多衝擊性的困難，而你一定要有過得去的信心！

　　有位沮喪的人到大師面前尋求解惑。

　　他對大師說：

　　「我是個不快樂的人，我的情緒起起伏伏，幾乎快讓我瘋掉。當我得到了，我高興；當我失去了，我悲傷。你能幫我指點這個迷惑嗎？」

　　大師考慮了一下，然後說：

　　「三天內我會給你答案。」

　　三天後，大師告訴那個人一句簡短的雋語：

　　「一切，都會過去的。」

　　沒有任何痛苦是時間不能減輕緩和的，沒有任何痛苦是你獨占、獨享的，時間是一帖最佳治療的良方，再治療不好，請找找看：周遭誰沒有痛苦？

禪

24 譏

在某個聚會，台上的表演者正賣力的唱歌。

有一個人覺得很難聽，他忍不住就跟身旁的人說：

「這個人唱歌好像被鬼掐到，真難聽！」

沒想到那人說：「她是我太太。」

於是他連忙解釋：「喔，不是啦！我是說這首曲子不知是誰作的，真難聽。」

那人回答：「那是我作的！」

語言是人類溝通的橋樑，說話不僅是一門藝術，更是一門修行課題。

口業，有善有惡，在教義中，造善的口業能得美好音聲、牙齒平整、口齒清晰等種種清淨功德；反之，造惡的口業則會得他人不信己言、常受誹謗、口臭、瘖啞等種種惡果。

事實上，不管所謂的因果，說話不負責任就是一項傷人的罪過，造口業所說出的話或是寫下的字，就像一把無形的刀，傷人傷己於無形之間。

　　有的人自以為很會說話，句句針鋒相對、字字殺人不
見血，不知話已傷到他人心坎，讓自己的人緣跌落谷底還
不自知。為避免犯口業過失，時刻提醒自己：話到口邊想
一想，講話之前慢半拍。不是不說話，而是要惜言慎語。

25 施

有一則十六世紀的瑞典民間童話故事：

旅人在森林裡走了許久，要找一個投宿的地方，來到一個吝嗇的老太太家，他跟老太太要求借宿一晚。

老太太說：

「我家裡很窮，什麼都沒有，不能讓你住。」

他說：「拜託妳！天都黑了。」

老太太勉強讓他進屋，但只讓他睡地板，東西也不給他吃，她說：「我自己都窮得快死了，一餐飯都沒有吃飽過，哪還有多餘的東西給你吃呢？」

「可憐的老太太，妳一定快餓壞了，這樣好了，我來煮一點東西請妳吃。」旅人說。

老太太哼了一聲說：

「你這個流浪漢會有什麼東西能吃？」

旅人也不反駁，只向老太太借一個鍋子、一點水，然後就開始在火爐上煮水，等到水煮開了他拿起一根長長的釘子放進鍋裡，老太太盯著他說：「你在做什麼？」

「我在做釘子湯。」

「釘子湯？我怎麼沒聽過？」老太太說。

　　旅人說：「這湯很神奇的，在國外是王宮貴族喝的，很珍貴，但如果能加一點麵粉的話會更好。不過，算了沒關係，反正妳也一無所有，那我們就喝這個湯也可以。」

　　老太太這時煮出興趣來了：「不行！我要加一點麵粉。」她拿出一點麵粉來加進湯裡繼續煮。

　　過了一下這個人又說：

　　「妳知道嗎？那些大官們在煮這個湯時都會加些牛肉，不過我們沒有牛肉也沒關係，這樣子就可以了。」

　　老太太聽了一想，當然不能夠輸給那些達官貴人，她說：「我有。」然後拿出一些牛肉來熬湯。

　　過了一陣子，那個人又開始幻想：

　　「哎呀，再有一點馬鈴薯、牛奶、雞蛋，這個湯就絕對是國王級的人在吃的了。」

　　老太太一聽，她非得吃到這個國王、王后的湯不可，所以她就把馬鈴薯、牛奶、雞蛋通通都拿出來。

　　等湯熬好了，旅人把釘子取出來，他說：

　　「好了，我們現在可以吃了，不過國王跟王后在吃這種湯的時候都會配上酒跟三明治，而且桌子還要鋪上桌巾，

這樣才有氣氛！不過沒有關係，我們兩個都太窮了，將就一點吧！」

老太太說：「我現在已經跟王后差不多了，怎麼能只差這麼一點點？」所以她馬上把桌子鋪上桌巾，拿出三明治跟酒，然後兩個人就享受了一頓皇宮級的盛宴。

吃完飯後，這個旅人準備要睡地板時，老太太說：「不行！不行！你教我這麼重要的事，現在我已經會做釘子湯，覺得自己太富有了，你不能睡地上，要睡床上。」所以就讓他睡在床上。

第二天臨別的時候，老太太謝謝他說：

「我現在覺得自己跟王后一樣！」

旅人說：「對啊！其實這件事情一點也不難，只要隨時加一點好東西就可以了。」

施不是失去，懂得施，就會突然發現自己不是那麼貧瘠，竟然可以一直掏出特別的東西，有這麼多東西怎麼會不富有？你也可以過得像國王、女王一般。

26 樸

　　有個七十歲的日本老先生，拿了幅祖傳的珍貴名畫上
節目，要求「開運鑑定團」的專家來鑑定。

　　他說，他的父親曾提到這是名家所繪、價值數百萬元
日幣的寶物，他總是戰戰兢兢的保護著，由於自己不懂藝
術，因而想請專家鑑定這幅畫的價值。

　　結果揭曉，專家認為它是贗品，連一萬日圓都不值，
主持人問老先生：你一定很難過吧？

　　來自鄉下的老先生，臉上的線條卻在短短時間內變得
無比柔軟，憨厚微笑道：

　　「啊！這樣也好啦。不會有人來偷，以後我可以安心的
把它掛在客廳裡了。」

　　這位日本老先生的自我解嘲所表現出來的，竟是失去
比擁有更輕鬆。

　　擁有不是錯，但如果太過執著，反成為一種罣礙，這
樣的擁有，只能短暫的炫耀於外，對內心來說，卻是增加
束縛。保險箱裡收藏著許多珠寶，但是現在世道這麼亂，
你敢輪番戴出門去炫耀嗎？

　　不談珍貴的東西，仔細檢驗一下我們的生活：

　　衣服多到穿不完，但是常穿的根本就是那幾件；儲物間有一堆擔心日後要用的東西，卻從來不曾搬出來用過。

　　我們的生活物質似乎太多了，多到侵占了我們的空間，侵占了我們的心靈。

　　人來的時候，是光溜溜的來，走的時候，也是兩手空空。怎麼在中間的路程，會需要增添那麼多的東西呢？越多的需索，生活就變得越複雜，心靈就越不能平靜，只有回歸簡樸生活，才能享受單純帶來的安寧與快樂。

27 謙

　　有一個修道士，他的一些追隨者就坐在不遠的地方，他們正小聲談論著這位修道士高尚的美德。其中一人說：

　　「他的見識廣博，學問更是無與倫比。」

　　「我同意，的確如此！」另一人說：「他真是天才！」

　　「在靈性的修行上，」第三人說，「他更是高深莫測。」

　　「他非常有耐心，從來不會急躁。」

　　在談論當中，他們靜下片刻，就在這個時候，這名修道士睜開一隻眼睛問：

　　「你們怎麼都沒有提到我的謙虛？」

　　在電影裡或是小說中，一旦原本謙虛的主角開始變得驕矜，就是故事即將面臨轉折的時候。

　　在生活中，何嘗不是如此？

　　謙虛、禮讓，是人生的潤滑劑，可以滋潤友誼，滑掉無謂的爭執、煩惱，讓人的心境更開闊。

　　有位留美歸國的碩士應聘到一家貿易公司上班，他不但學歷高、口才佳，業務能力也強，在會議中屢展頭角。

可每當他聽到其他同事提出一些較不成熟的企劃案，或是某些時候得罪到他時，他總會毫不客氣地破口大罵，在他的觀念裡，這樣並無不妥。因為這一切都是「師出有名」，如果不是別人有誤在先，也輪不到他大聲。然而，他的態度讓他在同事間成了隻孤鳥，沒多久，他就離職了。原因當然不是能力欠佳，而是人際壓力。一直到離職前，他仍認為別人不對，只有自己是對的。

越是專家，越需要謙虛。身段不能柔軟，**彎**不下去，被風猛力一吹就斷了。

老子說：「上善若水。」水因時柔軟剛強，滋養萬物也不自以為是，即使處在最惡劣的環境亦是如此，這樣謙虛的姿態可說是最接近道的一種展現。

28　愛

生命中只有非愛不可的人，沒有非恨不可的人。

電影《讓愛傳出去》敘述一個對家庭、人生失望的孩子所經歷的轉變，而這轉變源自於歷史老師所出的作業：

「如果你認為這個世界讓人不滿意、讓人失望，那麼從今天開始，你要想一個辦法，將這個社會中不想要的東西通通去除，把這個世界重新改造一次。這就是你們這個學期的課外作業，一個可以改造這個世界的作業，不能只是空想，它必須能夠付諸實行，並且從你開始執行。」

如何改造世界？一切打碎，重新再來嗎？不可能。

十一歲的崔佛突發奇想，設計了「愛的直銷法」：

以我為中心，幫助三個人，他們不必回報我，但是他們要另外幫助三個人，讓愛傳出去，兩個星期就可以有超過四百萬人受惠。

四百萬人？聽起來真不可思議，可不是嗎？

所以在課堂報告的時候，這計畫在同學、甚至老師的眼中，都成了一項十分可笑的計畫。然而，這份可笑似乎慢慢地展現了力量：

　　愛突然包圍了這個城市，傳到下一個城市，甚至他的家庭也開始改變，愛的確很快地傳出去了。

　　這就是愛的力量，愛的「蝴蝶效應」。

　　每一點小小的改變，都有可能如風般擴散，最後在另一個地方形成一陣解旱甘霖。

　　從家裡開始，愛家人，善待家人，不隨意怒罵，不將家人對你的好視為理所當然。愛朋友，不自私，分享關懷，不強人所難，幫助有困難的人。愛環境，少浪費資源，愛惜物品。這都是愛，愛就是善念。

　　讓愛傳出去，從身邊開始，從自己開始，請一起護持這樣的善念吧！

禪

29 我

每一個「我」都是自身造就，也只有自己能栽培。

吳淡如所著的《心靈點滴》中有這麼一個故事：

話說某年，世界冠軍的大陸羽球選手熊國寶來台訪問。有一位記者問他：

「你能贏得世界冠軍，最感謝哪個教練的栽培？」

他想了想，說：「如果真要感謝的話，我最該感謝的是自己的栽培。因為當初沒有人看好我，我才有今天。」

原來他入選國家代表隊時，只是綠葉的角色，雖然球打得不錯，但從未被視為能為國爭光的人選。

他沉默寡言，年紀又比最出色的選手大了些，沒有一點運動明星的樣子，教練選了他，並不是要栽培他，只是要他陪著明星選手練球。

有許多年的時間，他每天耗在打球的時間都比別人長很多，因為他是好些隊友的最佳練球對象。

拍子線斷了，他就換上一條線，鞋子破了補一塊橡膠，球衣破了就補塊布。攝氏零下十幾度的冬天，他依然早上五點去晨跑練體力。

　　有一年他墊檔入選參加世界大賽時，第一場就遇到最
強勁的隊手，大家都當他是去當「犧牲打」的，沒有人在
意他會不會打贏。沒想到他竟然勢如破竹地一路贏了下
去，甚至擊敗了教練心中最有希望奪冠的隊友，得到了世
界冠軍，一戰成名。

　　「我」是個越想越複雜的主題，想到最後，不禁會想把
這個「我」打死，重新再來。
　　這個「我」是活生生的肉體，獨一無二，同時也是虛
渺的思想概念。肉體僅是長相不一的容器，真正支配肉體
的，是我們的「識」。
　　今生輪迴人間，人各有各的因果使命，只有努力完成
自己此生的任務，修行「我」，脫離五蘊，無愧於心，才能
離苦得樂。

禪

30 轉

　　一對要租房子的夫妻，兩人找房子找了很久，終於找到合意的房子。

　　房東是位挑剔的老先生，他說：「租房子，我只有一個限制，就是不租給有小孩的家庭。」

　　這對夫妻手牽著小孩，看了對方一眼，不知該如何說，兩人正沮喪的要離去，小孩竟然跑回去按電鈴！

　　房東老伯來開門：「啥事啊！」

　　小孩：「老伯伯，我要租房子！」

　　老伯說：「租房子？我不租給有小孩的家庭哦！」

　　小孩：「我知道！我只有爸爸媽媽，沒有小孩子啊！你可以把房子租給我！」

　　老伯看了這機靈的小孩一眼，笑道：

　　「哈哈哈，好吧。算我敗給你了。」

　　腦筋可以轉個彎，換個角度，換個方式，事情也有機會變得很簡單。

　　地球一直在轉，太陽系一直在轉，宇宙一直在轉，世界是一個動態的平衡，人的心怎麼可以靜止下來？

禪

　　年紀越大的人越容易犯不知變通的毛病，仗著年紀，就起了傲慢之心，失去挑戰創新和創意的能力，這是很可惜的！當我們擁有更多經驗的同時，更應該開發更多潛能，而不是浪費我們所累積的能力，任其變成腐朽的死水！

　　孩子的思想單純，還未被世間的規矩給框住，轉念跟創意還在，活潑的思考也還沒受到制約。「禪」就是要鼓勵人們回歸真璞，將舊有的思想放下，找回禪心，不為慣性所控制，清醒自覺，過自由自主的生活。

第二篇

每日禪語

天 天 天 禪

 悲戀號泣

原文

……爾時世尊欲涅槃時。迦葉不在眾會。佛告諸
大弟子。迦葉來時可令宣揚正法眼藏。爾時迦葉在耆
闍堀山賓缽羅窟。睹勝光明即入三昧。以淨天眼觀見
世尊。於熙連河側入般涅槃。乃告其徒曰。如來涅槃
也。何其駛哉。即至雙樹間悲戀號泣。佛於金棺內現
雙足。爾時迦葉告諸比丘。佛已荼毗。……

——《景德傳燈錄》

莊子說：「生又何歡？死又何哀？」

生死在莊子的眼中，只是一個宇宙生滅的過程，但在我們的眼中呢？

七十九歲的佛陀，傳教三十九年後，對弟子說：「背痛得很厲害，我想要安息了。」

佛陀座下戒行第一的弟子迦葉，得知佛陀涅槃，從遠地趕回熙連河畔佛陀涅槃的雙樹間，面對佛陀已涅槃的事實，忍不住——悲戀號泣。

是怎樣的痛，能讓這些視透無常的修行者也無法抑制悲哀？

佛陀總是教人世情無常，一切萬物總要隨風而逝。禪宗第一祖的迦葉承傳了佛陀的「清淨法眼、涅槃妙心，實相無相，微妙正法」，然而這擁有大智慧的修行者竟也不能無情，面對親師生離死別的時候，還是要悲戀心痛。

　　西元一○○四年，一千多年前成書的《景德傳燈錄》，用的詞讓人心動。現代人失去愛戀的時候，何嘗不也是如此？

　　只是現代人反而常將情緒隱藏，將自己封閉，最後甚至「心」都病了，還不自知。莊子之妻去世，莊子鼓盆而歌；想想，迦葉面對當下「割捨之痛」的情緒，讓悲痛隨著眼淚離去，是不是反而才是勇者的表現呢？

O2 弦急即斷

原文

尊者曰：「我不求道，亦不顛倒；我不禮佛，亦不輕慢；我不長坐，亦不懈怠；我不一食，亦不雜食；我不知足，亦不貪欲；心無所希，名之曰道。」時遍行聞已，發無漏智，歡喜讚歎。尊者又語彼眾曰：「會吾語否？吾所以然者，為其求道心切。夫弦急即斷，故吾不贊。令其住安樂地，入諸佛智。」復告遍行曰：「吾適對眾抑挫仁者，得無惱於衷乎？」

——《景德傳燈錄》

印度第二十祖舍葉多尊者智慧過人，開導過許多人。一日來到羅閱城，闡揚頓悟的教義。

城裡有一批學眾，很喜歡辯論，為首的名叫「婆修盤頭」，意思就是「遍及一切」。這個人常常每天只吃一餐，睡覺不躺下。早晨、中午、傍晚、入夜、半夜、黎明，這六個時辰都會向佛禮拜。清靜無欲，受到眾人的認同。

舍葉多尊者想要開度他，先問大眾說：「婆修盤頭修行遍及一切，又能遵守高貴的修行，能夠得到佛道嗎？」

眾人回答：「師父精進認真，為什麼會不行呢？」

尊者說：「你們的師父離佛道很遠，即使他繼續苦行億萬年，也不過是虛妄而已。」

眾人聽了，略帶慍色問說：

「尊者你何德何能？竟然來此譏諷我們的師父！」

　　尊者回說：「我無能無德。我不求道，也不顛倒；我
不禮佛，也不對任何人輕慢不尊重；我不長坐不起，也不
懈怠；我不每天只吃一餐，但也不會見什麼吃什麼；我不
會刻意表示知足，但是也不貪欲。總之我的心沒有特意要
去追求任何事，這才叫做『道』。」

　　婆修盤頭聽了，歡喜讚嘆，一時發出了無漏的智慧。

　　舍葉多尊者又對大眾說：

　　「你們能領會我的話嗎？我之所以這樣說，是因為你們
的師父求道心切。可是弦拉得太急就會斷，所以我不贊
成。應該讓他身心安適，才能進入佛的智慧領域。」

　　說完又對婆修盤頭說：「我剛剛對大家說這些挫折你
的話，你的心裡會不會惱怒呢？」

　　眾人皆醉之下，自己還能獨醒嗎？尊者只是提醒眾
人，在苦行之下，要懂得適時給自己一些空間，還要保有
「自覺」——不落入毀譽的自覺。或許這樣會更接近「道」
的智慧。

禪

○3 心珠獨朗

原文

「……汝欲明本心者，當審諦推察。遇色遇聲，未起覺觀時，心何所之？是無耶？是有耶？既不墮有無處所，則心珠獨朗，常照世間，而無一塵許間隔，未嘗有一剎那頃斷續之相。」

——《景德傳燈錄》

僧那禪師前往南方，修習法相宗，學眾有許多跟隨而去。在南方遇上二祖慧可說法，他們便跟隨投在二祖門下出家。

有一天僧那對門人慧滿說：

「祖師的真理在心，不是專門講求苦行。苦行只是幫助我們領會宇宙的道，就像手中的一把泥土。能夠契會自己的本心，就能夠把握在手中的泥土變成黃金。如果只求苦行，沒有觀注自己的心，時常生出憎恨愛欲心，那就像在黑夜裡沒有月光的險道上行走一樣。」

僧那又說：

「如果你想要明白本來的心是什麼，就要詳細地去覺察。遇到各種事，而你尚未覺察到時，你的心在哪裡？那時，你的心是有？還是無？那時的心不能說是有，也不能說是無。那時候，是有心而無念。像明珠一樣，光明朗亮，沒有任何塵埃陰霾停留，長照世間。」

　　該打掃了吧？不只是你的房間，你的辦公桌，你的抽
屜，你的衣櫥，你的電腦，你的信箱，還有你的心。

　　心珠不能澄清，總被俗務圍繞，見不著自己原有的佛
性，就像皎潔明月被烏雲遮蓋，即使明月在雲後依舊明
亮，我仍不可見。

　　我的本心在哪？「我」又是誰？

　　僧那認為：那個正在不斷覺察自我形形色色念頭的自
己，將自己回歸本來晶瑩剔透的真面目的珍貴覺照，正是
本心。

　　看清楚，打掃時，莫要將掌中明珠當作是瓦礫石頭，
也莫把瓦礫石頭誤以為是明珠。

04　一切諸法悉皆解脫！

原文

> 迄高宗永徽辛亥歲閏九月四日，忽垂誡門人曰：
> 「一切諸法悉皆解脫！汝等各自護念，流化未來。」言
> 訖安坐，而逝壽七十有二。

——《景德傳燈錄》

唐高宗永徽二年（西元六五一年）閏九月四日，道信大師忽然告誡門人說：「一切諸法悉皆解脫！你們要好好體會這話，傳至未來。」說完，安坐而逝，年七十二歲。

道信大師是禪宗四祖，他在涅槃前，留下這樣的一句話給後人，甚至要大家好好想想，並且要求流傳後世，可見這是一句很關鍵的話。

解釋這話，要回到道信十四歲那年，當他還是小和尚的時候，前去禮拜三祖僧璨，道信說：

「請和尚慈悲，指點我解脫的法門。」

僧璨說：「有誰綁住你了嗎？」

道信說：「沒有啊。」

僧璨說：「既然無人綁你，你要解什麼？脫什麼？」

道信聽了大悟。

人生從哭開始，何以日後一切以禮相待？

人原本無束縛，是什麼原因自以為無法解脫？

人原本無罪，是什麼原因又常常滿懷罪惡感？

　　──是禮教、是法律、是倫理、是秩序、是宗教、是
習氣……一切的一切，給社會安定，也給人束縛。

　　不是造反有理，而是想要解脫便要認清──你日夜被
洗腦的一切是什麼？從了解這些當中解脫出來，重獲自
由。

禪

o5　肚上不貼榜

原文

　　問：「如何是大人相？」師曰：「肚上不貼
榜。」

——《景德傳燈錄》

　　有人問：「『大人』是什麼樣子？」

　　大隨法真禪師說：「肚子上不貼標籤。」

　　好有趣的對話，事實上，標籤與符號都是人定的，而我們常常慣性地將人事物分類。

　　「大人相」指的當然是德行超越常人之人，而在這裡禪師很簡單的說，不需要靠人為的標籤符號去標榜，不用人為的框框去設限、不被評量的人、不靠外在虛名的人，才是真正的「大人」。

　　很多人一堆頭銜，名片做得盡善盡美，又如何？很多人用「名牌」來歸類自己是哪一流的屬民，又如何呢？

　　世界上只有人類會對自己或是他人評價，這種行為真的比較高尚嗎？

06 煩惱即是菩提

原文

「修道道無可修，問法法無可問，迷人不了色
空，悟者本無逆順。八萬四千法門，至理不離方寸，
識取自家城郭，莫謾尋他州郡。不用廣學多聞，不要
辯才聰俊，不知月之大小，不管歲之餘閏。煩惱即是
菩提，淨華生於泥糞，人來問我若爲，不能共伊談
論。寅朝用粥充飢，齋時更餐一頓，今日任運騰騰，
明日騰騰任運。心中了了總知，且作佯癡縛鈍。」

——《了元歌》騰騰和尚

　　洛陽福先寺的仁儉禪師在嵩嶽慧安禪師那裡問道，悟
道後，便放曠悠遊於郊野與市區之間，當時的人稱他爲
「騰騰和尚」。

　　《了元歌》是騰騰和尚最負盛名的作品，「了元」的意
思是「明白最終的眞理」。

　　歌詞裡面說：

　　「修道，卻沒有道可修；問法，卻沒有法可問。迷惑的
人不了解現象與本體是同一回事，領悟的人卻知道逆順都
是過眼雲煙。

　　佛法的修持法門有八萬四千種，最終不離人心。認清
楚自己的城市，不要拼命到別的州郡找尋。不需博學，不需
辯才。不知哪個月大，哪個月小，不管今年有沒有閏月。

　　有煩惱才能生大智慧，就像美麗的花朵生養於泥糞當中。
可是人若來問我，我沒辦法跟他討論。

　　我午後不食，可是偏偏喝粥；齋戒期間又飽餐一頓。今日隨運高興，明日則高高興興隨運。心裡什麼事都清楚，不過姑且裝瘋賣傻。」

　　如果人生所有的痛苦、困難、煩惱，都是這輩子的課題，考不及格，下輩子還要重來，要不要認眞面對呢？認眞過後，要不要更隨運豁達呢？

　　不知道你有沒有發現，我們似乎不停地在面對類似的生活煩惱，也似乎總在過不去的那個地方過不去。一旦這場考試考過了，同樣的題目就不再困擾；若是考不過，生活中往往也不停出現類似的精采考題。

　　如果知道正在考哪張考卷，能夠更安心應考嗎？知道考題之後，是不是就可以更從容地面對，收集更多相關的資料，鼓勵自己好好的表現？

　　想拿高分嗎？想想看，說不定你已經知道自己現在在考哪一張考卷呢！

07 心悟轉法華

原文

「心迷法華轉，心悟轉法華。頌久不明己，與義作仇家。」

——《景德傳燈錄》

法達禪師七歲出家，勤唸《法華經》，他唸過三千遍，可是還是不懂其中真正的意涵。他去請求慧能大師為他解說經中的涵義，可是，慧能並沒有唸過《法華經》。

慧能說：「你先唸一遍給我聽，我就為你解說。」

法達高聲地唸起《法華經》，念到〈方便品〉時，慧能說：

「可以了，不用唸下去了。這部經在講佛陀為什麼來到世間，說了許多譬喻，都在講這件事。人們不可以妄自菲薄，要相信佛的智慧完全在我們心裡，而不是往外追求。

如果你只是死心眼地把念經當成功課，根本是像犛牛追著自己的尾巴，原地打轉罷了。

我做了一首詩偈，你聽聽看，心如果迷惑：『《法華經》就讓人迷轉；心如果領悟，便可以轉動《法華經》的法輪。老是唸經卻不知道自己的心，就是跟經文的意涵為仇。」

讀書亦如是，讀死書，懷抱觀念卻不知道運用，皆如原地打轉。學習啟發自己的智慧，讓內在的思想運作，多思考，多動手，自然能夠體會智慧在自身中流轉的經驗。

08 不斷百思想

原文

　　有僧舉臥輪禪師偈云：「臥輪有伎倆，能斷百思想；對境心不起，菩提日日長。」六祖大師聞之，曰：「此偈未明心地。若依而行之，是加繫縛。」因示一偈曰：「慧能沒伎倆，不斷百思想；對境心數起，菩提作麼長。」

——《景德傳燈錄》

　　臥輪禪師寫了一首詩說：

　　「臥輪有方法，能夠把意念都斷掉；不論遇到什麼事情，心念都如止水，智慧就這樣一天天長大。」

　　慧能大師聽聞，便說對弟子說：

　　「這首詩沒有明白心念的本性，如果照這樣做，只是用繩子綁住自己而已。照我說應該是：慧能沒有什麼方法不方法，任隨意念來去；碰到什麼事情會起什麼心念就讓它來，智慧就是這麼增長。」

　　河流阻塞後，水越積越大，容易氾濫潰堤。心念如流，如果你不停地「阻斷」——斷念，說不定最後心流也會積成大水反蝕，讓你體無完膚，沖毀原有的修行。

　　大禹治水真正的成功是因為「疏通」——隨念，不被心念所制。隨念，又不被欲念牽引，需要恢弘的心量識見，讓念隨流去，而非小家子氣的自以為是。

禪

09 歸吃飯去來

原文

> 洪州百丈山懷海禪師……因普請钁地次，忽有一僧，聞飯鼓鳴，舉起钁頭大笑便歸。師云：「俊哉，此是觀音入理之門。」師歸院，乃喚其僧問：「適來見什麼道理便恁麼？」對云：「適來只聞鼓聲動，歸吃飯去來。」師乃笑。

　　　　　　　　　　　　　　——《景德傳燈錄》

　　有人請寺裡的和尚幫忙鋤地，一個和尚忽然因為聽到吃飯的鼓聲，而收起鋤頭，大笑歸去。

　　他的師父百丈懷海禪師看到說：「嗯，不錯！這就是『觀音入理』而有所領會的例子。」

　　禪師回到禪院，把那和尚叫來，問：

　　「你剛才領會了什麼嗎？」

　　和尚說：「只是聽到吃飯的鼓聲，回來吃飯而已。」百丈禪師聽著就笑了。

　　禪師為什麼笑呢？大概是因為這個得意門生說的正是「現實」吧！

　　人體百分之七十的感官接受器集中在眼部，眼睛看東西，看房子在那裡，再怎麼看它還是在那裡，這就是色境。可是，聲音不一樣，聲音，著空來現前，藉著因緣來現前，而且它現前的當下就消失了。

　　聽！剛才那個聲音，你才想要再去聽它，就已經沒有了，每一種聲音都一樣，瞬生瞬滅，所以頓悟也是瞬間。

　　和尚聽了鼓聲，瞬間覺察當下。我們當然也要鼓勵自己活在當下，吃飯就認眞吃飯，睡覺就認眞睡覺，工作自然認眞工作。

10 不打這破鼓

原文

> 杭州鹽官鎮國海昌院齊安禪師……師一日謂眾曰：「虛空爲鼓，須彌爲椎，什麼人打得？」眾無對，有人舉似南泉。南泉云：「王老師不打這破鼓。」
>
> ——《景德傳燈錄》

一天，鹽官齊安禪師志得意滿地說：「以虛空爲鼓，以須彌山爲槌，這樣的鼓，什麼人打得？」

大家都不敢吭聲。後來，有人把這個故事講給南泉禪師聽。南泉聽了說：「我不打這破鼓。」

池州的南泉普願禪師曾經非常用功研究經義，後在馬祖道一禪師處有了透徹的領悟，把一切經典學問拋諸腦後，成了一個深通遊戲三昧的「玩家」，因爲俗家姓王，常自稱「王老師」。

馬祖的禪學中，他喜歡安安靜靜的生活，單純簡單與天地相通，凡事安適自在就好。如此超然物外的哲學觀自然也影響了南泉，聽到齊安禪師眼高於頂的自傲論調，簡單一句「王老師不打這破鼓」，便輕鬆破了這局遊戲。可謂「謙受益，滿招損」的再次印證。

 草深一丈

原文

> 湖南長沙景岑，號招賢大師。初住鹿苑爲第一世，其後居無定所，但徇緣接物隨請說法，故時眾謂之長沙和尚。上堂曰：「我若一向舉揚宗教。法堂裏須草深一丈。」

——《景德傳燈錄》

湖南長沙景岑，號「招賢大師」，一開始曾在鹿苑住過，以後就居無定所。有人請問他時，他就說法；沒人請問，則「睏了睡，睡夠就醒」。

有一次，他走上法堂對眾人說：「如果我一心一意只宣揚宗教，則法堂沒多久就會草深一丈。」

這話是什麼意思呢？

原來法堂裡草深一丈，是指荒廢了日常生活。

宣教，在禪宗看來只是生活的一部分，而且還不是最重要的一部分。禪裡頭最重要的是去「活」，順其自然地活。

我們常爲了工作焦頭爛額，荒廢了日常的生活，既然日常生活是「道」之所在，那現在我們常常偏頗的生活，是否也該調整一番？——小心莫要讓家裡客廳草深一丈。

12 無卓錐之地

原文

　　師問香嚴：「師弟近日見處如何？」嚴曰：「某甲辛說不得。」乃有偈曰：「去年貧未是貧，今年貧始是貧，去年無卓錐之地，今年錐也無。」師曰：「汝只得如來禪。未得祖師禪。」

——《景德傳燈錄》

　　仰山問他的師弟香嚴智閑禪師：

　　「師弟近來有何新見解？」

　　香嚴說：「要說也說不清楚，不過我作了一首詩，意思是：『去年，把自己清理得很徹底，今年連一點剩餘感都沒有，好乾淨，好清曠，只是一片虛清。』」

　　仰山說：

　　「你得到的只是如來禪，還沒有得到祖師禪。」

　　香嚴說得這麼好，境界這麼高，為什麼仰山禪師說他只得到如來禪呢？原來，有活活潑潑的生機才是祖師禪，就像春來花開的妙有，絕處逢生的生機微妙；僅一味向上，人我兩忘，體會到「真空」，只是如來禪而已。

　　這兩種態度是很不一樣的，如來禪是否定世俗，清除自己的內在，求「自貧」；而祖師禪則是肯定世間萬物，歡喜生命與天地的存在，求「自富」。

　　你想修習哪種法呢？還是兩種都丟到一邊去？

禪

13　隨他去

原文

　　僧問：「劫火洞然，大千俱壞，未審這個壞不壞？」師曰：「壞。」曰：「恁麼則隨他去也？」師曰：「隨他去。」

——《景德傳燈錄》

　　火災中燒盡一切的情況，稱為「劫火洞然」。禪林中，常以劫火中是否尚有殘餘未被燃燒之物，作為禪話提示之一。

　　有一次徒弟向八十多歲的趙州禪師問了一個問題：「宇宙有成住壞空，要是有一天，毀滅之火燒盡一切，世界毀壞時，我們『這個自己』還會不會存在呢？」

　　禪師回答：「壞了。」

　　再問：「就這樣隨他去嗎？」

　　趙州禪師回答：「隨他去！」

　　後來，禪師對自己的回答不滿意，但也一直沒有更好的悟解，為了求得心中的落實，以八十高齡，仍然腳踏一雙芒鞋，踩遍大地山川，目的在印證自己是否已經參悟佛法？留下了「一句隨他語，千山走衲僧」的公案。

　　宋朝張無盡即為這個公案寫了一首詩：

「趙州八十猶行腳，只為心頭未悄然，

　及至歸來無一事，始知空費草鞋錢。」

意思是說：趙州禪師雖然已經八十歲了，但為了心中一個問題不能釋然，於是不怕路途顛躓，四處去尋找真切的答案。經過許多年以後，他倦遊歸來，結果什麼也沒有得到，才知道自己過去在外奔波尋找，只是緣木求魚，空費了草鞋錢而已。

禪，在方寸，在心內，自己都不相信自己的時候，要怎麼才能活得自在呢？所以，有時候，不妨就「隨他去」，讓自在解決一切困擾。

禪

14 佛來亦不著

原文

　　有僧叩門，師問：「是什麼人？」曰：「是僧。」
師曰：「非但是僧，佛來亦不著。」曰：「佛來爲什
麼不著？」師曰：「無汝棲泊處。」

—— 《五燈會元》

　　一個和尚敲玄素禪師的門，禪師問：「是什麼人？」
和尚說：「是僧。」

　　玄素說：「別說是僧，就是佛來也不行。」

　　和尚問：「爲什麼佛來也不行？」

　　玄素道：「因爲沒有你落腳的地方。」

　　幽默的師父，可能在忙吧，教和尚別吵，卻又轉一語
來戲弄他。

　　想若不是師父的一顆心太滿，沒空理會來僧；就是一
顆心一塵不染，僧是「塵」，佛亦是「塵」，心乾淨若此，
還能說什麼呢？會意一笑吧！

15 為汝問指

原文

> 僧問：「指即不問，如何是月？」師法眼曰：
> 「阿那個是汝不問底指？」又僧問：「月即不問，如何
> 是指？」師曰：「月。」曰：「學人問指，和尚爲甚
> 麼對月？」師曰：「爲汝問指。」

—《五燈會元》

六祖慧能爲無盡藏尼解釋《涅槃經》要義時，因爲不識字，被無盡藏尼質疑。

慧能大師對說：「眞理與文字無關，眞理像是天上的明月，而文字就像你我的手指。手指可以指出明月的所在，但手指卻不是明月，看月也不必一定要透過手指。」

禪語中常以「月」喻眞理，以「指」喻文字般若。

不管你是問眞理，還是問文字，禪師都會堅持「不落有無，空有相即」的中道觀。

「中道」是佛教實踐的基本立場，超越有與無、苦與樂、愛與憎等「非此即彼」的對比，追求圓滿適切的言行與思惟。所以，弟子問月，法眼禪師便問指；弟子問指，法眼禪師又回答月，到底爲什麼呢？——或許是弟子一開始就問錯了，題目都問錯了，如何能找到答案呢？

禪，不是耍嘴皮子的學問，也不是爲反對而反對，更不是濫用佛學名相來表示自己有修行的知識光環；而是從認清自我的起心動念做起，眞誠地從修正自身的生活信念實踐起。出發點已經失誤，如何順利到達目的地呢？

16 「日面佛，月面佛」

原文

> 江西馬祖道一禪師……既而示疾，院主問：「和
> 尚近日尊候如何？」師曰：「日面佛，月面佛。」二
> 月一日沐浴，跏趺入滅。

——《五燈會元》

馬祖禪師病得很重，寺院管理人來探病，問他身體如何，馬祖說：「日面佛，月面佛。」

「日面佛，月面佛」是《三千佛名經》中出現的佛名。經中說，日面佛的壽命是一千八百歲，月面佛的壽命只有一天一夜。也就是說，現在我馬上離世也可以，活得無止無盡也沒關係。說我是什麼，就是什麼。

對禪師和悟者而言，他們的心胸開朗豁達，任何時地都安穩自在，如滿山繁華、一片織錦，又如山中澗水、明湛清澈。

面對生死只是一件該發生的必然之事，是宇宙的規律。所以壽命不在長短，只要懂得生死之道，生也安然，死也安然，好好地活過，便是發揮了佛的精神。

禪

 17

萬古長空，一朝風月

原文

　　問：「達摩未來此土時，還有佛法也無？」師
曰：「未來時且置，即今事作麼生？」曰：「某甲不
會，乞師指示。」師曰：「萬古長空，一朝風月。」

——《五燈會元》

　　有人問：「達摩沒有來到這個地方以前，這個地方有
沒有宇宙的眞理？」

　　崇慧禪師道：

　　「他沒有來的時候姑且不說，只說現在——你認爲現在
這地方有沒有宇宙的眞理？」

　　那人說：「對不起，我不懂你的意思。」

　　崇慧大師說：

　　「眞理就像無窮無盡的宇宙，永恆存在；即使沒有清
風、沒有明月，宇宙依舊無窮無盡永遠空明。」

　　任何地方、任何人事的發生都彷彿如此，人事的際會
像風月，一朝起落，而佛性眞理是亙古的永恆。

18 吾不如汝

原文

> 有小師耽源行腳回，於師馬祖道一前畫箇圓相，
> 就上拜了立。師曰：「汝莫欲作佛否？」曰：「某甲
> 不解挼目。」師曰：「吾不如汝。」小師不對。
>
> ——《五燈會元》

年輕的僧人耽源雲遊歸來，在馬祖禪師面前畫了一個圓圈，站在圈圈裡向禪師禮拜。

馬祖禪師說：「你該不是想做佛吧？」

耽源回答：「我不能弄虛作假。」雖然耽源的本意如此，但這個問題不能答「是」，也不能說「否」，否則就顯得自己執著，於是耽源不作正面回應。

馬祖大師一看直接了當地說：「我不如你。」

「我不如你。」這句話翻譯成現代人的語氣應該是：「我真是敗給你了。」原來小僧耽源自以為開悟，在關公面前要大刀，馬祖大師被他自以為開悟的行徑搞得好氣又好笑，直接認輸。

這句「我真是敗給你了。」到底是真敗，還是假敗？應該耽源自己最清楚了。

禪

19 清淨之水，游魚自迷

原文

澧州夾山善會禪師……僧問：「如何是道？」師
曰：「太陽溢目，萬里不掛片雲。」曰：「如何得
會？」師曰：「清淨之水，游魚自迷。」

——《景德傳燈錄》

「道」不可道，不是自己領悟的道，不能算是自己的
道，所以善會禪師拐個彎形容：

「佛法如日，無處不在，無處不見。」

僧問如何領會，禪師又答：「本性如水，清淨明白，
迷惑的人，惑在內心，非關外象。」

內心的無明，使游魚自迷。

人就像海裡的魚，魚群在清澈的水裡游來游去，卻不
知要游向何處，這邊遇到危險，就換個方向，那邊看到好
吃的，又被吸引過去，來來去去，只是為了生存。

生存只是本能，喚醒內在的本性，才不會讓自己也變
成一尾隨波逐流的迷魚。

20 出門便是草

原文

潭州石霜山慶諸禪師……師後避世，混俗于長沙瀏陽陶家坊。朝遊夕處，人莫能識。後因僧自洞山來，師問：「和尚有何言句示徒？」曰：「解夏上堂云：『秋初夏末，兄弟或東去西去，直須向萬里無寸草處去。』良久曰：『祇如萬里無寸草處作麼生去？』」師曰：「有人下語否？」曰：「無。」師曰：「何不道『出門便是草』？」僧回，舉似洞山。山曰：「此是一千五百人善知識語。」因茲囊錐始露，果熟香飄，眾命住持。

——《五燈會元》

慶諸禪師避居鄉野，一般人都不認識他。有天從洞山和尚處來了個小僧，慶諸禪師問：

「洞山和尚有什麼話要開示嗎？」

來僧說：「解夏時，上堂說：『秋初夏末，不管去東去西，必須向萬里無寸草的地方去。』一會兒又說：『可是萬里無寸草的地方怎麼去？』」

慶諸禪師說：「有人說什麼嗎？」

來僧說：「沒有。」

慶諸禪師說：「何不回答：『出門便是草』？」

來僧回去後，將這些話說給洞山和尚聽。

洞山和尚說：「這絕對是能聚集一千五百名僧徒的高僧才能說出來的話語！」後來慶諸和尚果然名聲大噪，成爲住持。

禪語裡，常把煩惱比喻爲「草」。萬里無寸草的地方會
是哪裡呢？是沙漠嗎？還是深海底？

其實話頭「往萬里無寸草的地方去」，指的是要掃除俗
世無明煩惱，識心見性。可是「萬里無寸草的地方怎麼
去？」該怎麼去呢？這個問題充滿禪機，難以參破，一時
之間竟無人能應答。

慶諸禪師石破天驚地說，萬里無寸草的地方，只能從
長滿草的腳下起步！是呀，要掃除無明的煩惱，只能從
「面對」俗世無明的煩惱開始！

「出門便是草」應該不止只有洞山和尚一人喝采而已。

禪

21　直心是道場

原文

　　光嚴童子……，憶念我昔出毘耶離大城，時維摩
詰方入城，我即為作禮而問言：「居士從何所來？」
答我言：「吾從道場來。」我問：「道場者何所是？」
答曰：「直心是道場。無虛假故。……」

——《維摩詰經》

「直心是道場」這句話源自《維摩詰經》。

古時候，光嚴童子走出毘耶離的城門，想要尋求一個閑寂清靜的修行道場，維摩居士正好要入城，兩人便碰巧相遇了。

光嚴童子問道：「您是從哪裡回來的？」

居士說：「我剛才從道場回來。」

童子又問：「真是剛好，其實我正想去尋找一個閑寂的道場，敢請教居士您所去的道場究竟在何方？」

居士道：「道場何需外求，直心即是道場，因為直心並無虛假之故……。」

直線是所有的距離中最短的距離；直心，當然也是兩心之間最短的距離。

簡單的說，直心便是正直、坦率、真誠又沒有遮掩的心，也就是每個人生來就擁有的誠懇，不諂媚，不逢迎，自然的心，它就是最佳道場。

　　人生的困擾往往是因為額外的煩惱與多方的揣測，頭上安頭，一個頭兩個大。直心是道場，修行最大的障礙，還是自己！

　　可知道德的「德」古字如何寫？正是「彳」再加上「直心」，彳的意思是小步起行，以誠懇正直的心小心地走，一定可以在人生上走得很踏實。

22 雲在青天水在瓶

原文

……翱乃坐此出爲朗州刺史，翱閒來謁儼，遂成警悟。又初見儼執經卷不顧，侍者白曰：「太守在此。」翱性褊急，乃倡言曰：「見面不似聞名。」儼乃呼：「翱」，應：「唯」，曰：「太守何貴耳賤目。」翱拱手謝之，問曰：「何謂道邪？」儼指天，指淨瓶曰：「雲在青天，水在瓶。」翱于時暗室已明疑冰頓泮，尋有偈云：「鍊得身形似鶴形，千株松下兩函經，我來相問無餘說，雲在青天水在瓶。」

——《宋高僧傳》

惟儼禪師十七歲時就出家，拜謁石頭禪師後，得其衣缽，住藥山，徒眾雲集，禪風大振。

朗州刺史李翱仰慕其名，多次延請他，都沒有成功，便入山親自拜謁。李翱見到惟儼禪師時，禪師手裡拿著經卷，眼光卻沒有在書卷上。

侍者在一旁說：「太守在此。」

惟儼沒有搭理，端坐不動。李翱性子急，看到自己不受尊重，大聲說：「見面不如聞名。」

惟儼禪師說：「李翱！」

李翱答：「是的。」

禪師接著說：「太守何必貴耳賤目？」

李翱大爲窘迫，拱手謝過。於是問禪師什麼是道，禪師指指天，又指了指淨瓶說：「雲在青天，水在瓶！」

　　李翱聽罷，原先幽冥的意識裡頓時射入一道光，真是千年暗室，一燈即破，於是寫了首偈表達他的感受：

　「鍊得身形似鶴形，千株松卜兩函經。

　　我來問道無餘說，雲在青天水在瓶。」

　　意思是說，惟儼禪師修煉得清瘦如鶴，有得道者的飄逸之氣，在千株長松的涼蔭下，怡然自得地把現經卷。我來問道，他也不多解釋什麼，只道：「雲在青天，從風變滅自如；水在瓶中，恬靜安祥可鑒。」

　　雲安適於天空，與風相和；水安然於瓶內，順其自然。人的心不論處在何地，能夠自得其樂，就不會有悲傷苦惱，自然也就安心自在。

禪

23 求生不得，求死不得

原文

> 撫州曹山本寂禪師……僧問：「學人通身是病，請師醫。」師曰：「不醫。」僧云：「爲甚麼不醫？」師曰：「教汝求生不得，求死不得。」
>
> ——《撫州曹山本寂禪師語錄》

　　弟子向師父求救，卻被師父拒絕，還說：

　　「我只能讓你求生不得，求死也不得。」

　　聽起來眞是殘忍，然公案是一個機鋒，一個境界現前的對應，學人通身是心病，不能參透生死，怎麼可以依賴師父來求解脫呢？依賴他人，不求對自我負責的人，是該得當頭棒喝。

　　修行是嚴厲的，參禪在禪子眼中更是劍刃上事，稍一不愼，即走火入魔，喪失慧命，因此不能給自己任何可乘之機，用絕對的態度來截斷胡思兩端，當然這是一般人是做不到的，所以禪師才回以「求生不得，求死不得」，希望他破釜沉舟吧！

24 芥子納須彌

原文

　　廬山歸宗寺智常禪師……江州刺史李澂問：「教中所言：須彌納芥子，渤即不疑。芥子納須彌，莫是妄譚否？」師曰：「人傳使君讀萬卷書籍，還是否？」曰：「然。」師曰：「摩頂至踵如椰子大，萬卷書向何處著？」

——《景德傳燈錄》

　　唐朝江州刺史李渤，問智常禪師道：

　　「佛經上所說的『須彌藏芥子』我相信，但是『芥子納須彌』的說法未免太過玄奇了吧！小小的芥子，怎麼可能容納那麼大的一座須彌山，這是謬論吧？」

　　智常禪師聞言笑道：

　　「人家說你『讀書破萬卷』，可有這回事？」

　　「當然！當然！我豈止讀書萬卷？」李渤一派得意的樣子。

　　「那麼你讀過的萬卷書如今何在？」

　　李渤抬手指著頭腦說：「都在這裏了！」

　　智常禪師道：

　　「奇怪，我看你的頭顱只有一粒椰子那麼大，怎麼可能裝得下萬卷書？莫非你也騙人嗎？」

　　李渤聽後，腦中轟然一聲，當下恍然大悟。

　　「芥子」，原被比喻爲極小之物。禪宗以「芥子納須彌」來表示超越大小、高低、迷悟的計較分別，突破人之眼界，從心之所在參悟宇宙奧祕。

　　一切諸法，繫之「事」、「理」。宇宙世間，事上有理，理中有事；須彌藏芥子是事實可見，芥子納須彌就像是自在心之所納，兩者不但不衝突，還構成了宇宙的平衡與圓融。

25 待汝一口吸盡西江水

原文

> 龐居士問馬祖：「不與萬法爲侶者是什麼人？」
> 馬祖云：「待汝一口吸盡西江水，即向汝道。」居士
> 言下頓領玄要……
>
> ——《景德傳燈錄》

龐蘊居士問馬祖：

「可以擺脫一切事物、超越一切法則的是什麼人？」

馬祖說：「等你一口吸盡西江水，就向你說。」

一口吸盡西江水，根本是不可能的事，那馬祖爲什麼要這樣說呢？原來，馬祖以此暗示，龐蘊所問的問題是不可能回答的。

事實上，這個問題也是不可回答的。因爲不與萬物爲侶者，就是超越萬物者。眞的超越萬物一切法則的人是什麼呢？又怎麼能問他「是什麼人」呢？

龐蘊在求道的過程中以「機辯迅捷」聞名，在他澈悟之前，他喜歡問一些很浮誇的問題，他還曾經問過馬祖：「水沒有筋也沒有骨，卻能承載住百萬斤的船，道理何在呢？」

馬祖只說：

「我這裡沒有水，也沒有船，說什麼筋骨！」

悟道的馬祖，超然物外，看透龐蘊幼稚的雄心壯志，只待時機成熟，喝醒他血肉之軀中的智慧。

禪

26 門上但書門字

原文

舉昔有一老宿住庵，於門上書心字，於窗上書心字，於壁上書心字。師曰：「門上但書門字，窗上但書窗字，壁上但書壁字。」

——《文益語錄》

門上寫心，窗上寫心，壁上寫心，一個找不著自心的人才會這樣寫吧。

門本來就是門，窗本來就是窗，壁本來就是壁，回歸萬物原本面目，怎麼會找不著心。

不以物喜，不以己悲，心靈能夠保持超然，就能真正看到事物的本體，可是人們常常看山不是山，看水不是水，在每樣事物後頭，還要附加許多念頭。

品牌世界不正是如此？許多品牌創造特別的風格、感覺、熱情、態度和精神，引人認同，而品牌的形象傳遞產品的訊息，引起消費者對產品的認同與期待。

我們常藉這些品牌展現自己，這樣是真我嗎？我要在身上寫些什麼、穿些什麼、帶些什麼品牌，才是真我呢？

27 無心打無心

原文

潭州神鼎洪諲禪師……官人指木魚問：「這個是甚麼？」師曰：「驚回多少瞌睡人。」官曰：「泊不到此間！」師曰：「無心打無心。」

——《續傳燈錄》

《百丈清規注》和《佛教儀式須知》中說：

「相傳魚類目不闔睛，晝夜常醒；所以佛門中，就用木料雕刻成魚形的『木魚』，在讚誦時敲擊它，以便警惕大眾不要昏沉懈怠。」

所以，官人指木魚問時，洪諲禪師答：

「驚醒多少瞌睡人。」

官人答：「幸虧到這裡！」因為聽到這番話，驚覺自己以前被妄念迷惑。

禪師答：「無心打無心。」

第一個「無心」說的是除妄念之心的人，第二個「無心」則是指空心的木魚。

28 鐘聲七條

原文

　　雲門曰：「世界恁麼廣闊，因甚向鐘聲裏披七條？」

——《無門關》

七條是種袈裟，由七條布組成而得名。

雲門禪師說：

「世界這麼廣闊，為什麼不放開胸懷，去參與世界，而只知聽鐘聲，披袈裟呢？」

時光不可空過，禪師並非說禪門生活不好，而是感嘆僧眾不要糊里糊塗地過日子。

作一天和尚，敲一天鐘。想做隱士太容易，社會上有太多人尚未嶄露自己的光彩就已經殞落。

世界那麼大，繁星若沙，你卻真能安於現狀？

少壯不努力，老大徒傷悲啊！

29 我有明珠一顆

原文

　　我有明珠一顆，久被塵勞封鎖，今朝塵盡光生，
照破山河萬朵。

——柴陵郁禪師

　　柴陵郁禪師的禪風靈巧活潑，他在一次摔跤的時候悟道，寫下明珠之詩。他座下的弟子白雲守端禪師，治學呆板，時常持誦上面這首詩，卻始終無法參透其中的禪趣。後來白雲禪師因為一個機緣，跟隨楊岐方會禪師學道，但是仍然不能開悟。

　　有一天方會禪師問白雲禪師說：「據說你師父在摔跤的時候悟了道，並且作了一首詩偈，你記得嗎？」

　　白雲禪師趕忙把上面那首詩唸給老師聽，方會禪師聽了後就哈哈大笑起來，不發一語走開了。這一笑把白雲禪師的困惑笑出來了，翌日就問方會禪師是否說錯了什麼？

　　禪師回答說：「你見過廟前玩把戲的丑角嗎？他們做出種種唬人的動作，無非想博人一笑，觀眾笑得越大聲，他們就越開心。怎麼？我只不過輕輕笑你，就放不下了，豈不是比不上那些丑角嗎？」當頭棒喝讓白雲禪師如夢初醒，明珠乍現光芒。

　　明珠在掌卻沾滿灰塵，識寶的人心疼，不識寶的人卻當成垃圾。人人都有明珠一顆，能否讓明珠現前，全要靠自己保持自心的清醒，與禪相應，除去塵色，照破山河。

30 觸目菩提

原文

　　潭州石霜山慶諸禪師……後參道吾，問：「如何是觸目菩提？」。吾喚：「沙彌。」彌應諾。吾曰：「添淨瓶水著。」良久卻問師：「汝適來問甚麼？」師擬舉，吾便起去。師於此有省。

　　　　　　　　　　　　　　　　　——《指月錄》

　　慶諸參見道吾禪師，問：

「什麼是目光所及之處的菩提智慧？」

道吾喚：「沙彌。」沙彌答應。

道吾吩咐沙彌：「給淨瓶添水。」

然後再問慶諸：「你剛才問什麼？」

　　慶諸再重複了之前的提問，道吾聽後，起身離去。慶諸從此開悟。

　　眼所見的都是菩提，有沒有用心眼看而已。

31 見色便見心

原文

> 潞州延慶院傳殷禪師，僧問：「見色便見心，燈
> 籠是色，那個是心？」師曰：「汝不會古人意。」
> 曰：「如何是古人意？」師曰：「燈籠是心。」
>
> ——《景德傳燈錄》

現象中的一切物質都是「色」，與「心」相對。對禪宗而言，兩者不是二分，而是一體。

僧問：「見色便是心，燈籠是色，哪個是心？」

禪師答：「你沒有領會古人的意思，燈籠才是心。」

燈籠到底是色，還是心？

燈籠原本存在，是色。看見燈籠的人，在欣賞燈籠的時候，意念流轉全是燈籠，所以燈籠已經不再是單純的色，心也不再是單純的心，早在初見之時，燈籠已經融入於心，心物合一。

明日恐隨風

原文

　　婺州承天惟簡禪師，僧問：「佛與眾生，是一是二？」師曰：「花開滿樹紅，花落萬枝空。」曰：「畢竟是一是二？」師曰：「唯餘一朵在，明日恐隨風。」

——《續傳燈錄》

　　唐悟達知玄國師，五歲時曾做過一首詠花詩，說明諸行無常的道理：正是「花開滿樹紅，花落滿枝空；唯餘一朵在，明日定隨風。」這首詩被惟簡禪師拿來解答僧人的問題。

　　僧人問：「佛跟眾生一樣嗎？」

　　禪師答：「花開滿樹紅，花落滿枝空。」

　　《大正藏》中說：「佛是自性作，莫向身外求。自性迷，佛即眾生；自性悟，眾生即是佛。」

　　僧人不懂：「究竟一不一樣呢？」

　　禪師答道：「只剩下一朵花，明天大概也要隨風飄落了。」

　　意思是如果還不能省悟，只怕自性就要被塵所染了呀。

　　怠惰比積極容易，放棄比追求簡單，沉淪比戒除輕鬆。眾生陷入迷惘太容易，爬起來卻困難重重，在還有一絲清明之時，要把握住那份清明，莫讓悟性如花，隨風而逝。

銀碗裡盛雪

33

原文

岳州巴陵新開院顥鑒禪師，……僧問：「如何是提婆宗？」師曰：「銀碗裡盛雪。」

——《五燈會元》

有僧問巴陵禪師：「如何是提婆宗？」

禪師說：「銀碗裡盛雪。」

在銀亮潔白的銀碗裡，盛著冰清的白雪，多清淨的畫面。但是禪師到底要表達什麼呢？

禪宗的馬祖道一曾講過，在禪宗內部「凡有言句，皆提婆宗。」正是說禪宗主張不立文字，但假如要說甚麼的話，都要用龍樹的弟子提婆「破而不立」的方法。

巴陵是雲門的法嗣，跟隨雲門座下多年，深得雲門三昧。他承繼雲門時說：

「如何是通？明眼人落井。如何是吹毛劍？珊瑚枝支撐著月。如何是提婆宗？銀碗裡盛雪。」

雲門聽了高興地說：「他日我忌辰時，不要作齋會，只要向弟子們宣示這三句話，就足夠報我的恩了。」

明眼人落井？珊瑚枝枝撐著月？銀碗裡盛雪？一連串讓人摸不著邊際的禪話，真是越看越迷惘。

試想，珊瑚枝枝為什麼能撐著月？明月當空，珊瑚枝上的水露映著明月，不就撐著月了！

　　原來，白雪是屬於宇宙大地的，裝盛到碗裡，還是白雪，佛法不變，只是盛裝容器不同，看起來的表相迷惑人罷了。

　　在禪話上，執著於言句，定要跌跤。不想被這些文字絆倒，就要看得更高更遠，脫離名相的束縛。

34 啐啄之機

原文

　　問：「如何是啐啄機？」師曰：「響。」

　　　　　　　　　　　　　　　——《五燈會元》

　　禪的內涵，讓人讚賞；禪的俐落，更讓人驚喜！禪史中，「雲門一字關」，正是禪問答的即心極致：

　　僧問：「如何是雲門劍？」曰：「祖。」

　　問：「如何是正法眼？」曰：「普。」

　　問：「如何是啐啄機？」曰：「**響**。」

　　一字，像閃電打在眼前，等你發現時，你的心已經不知道跌到哪一層。

　　什麼是啐啄之機呢？原來母雞在孵蛋時，當小雞成熟時，小雞必須從內部啐破蛋殼才能出來，這時母雞亦會為小雞啄蛋殼，讓小雞得以順利破殼而出。這突破的瞬間，就像擊石出火、閃電出光，一啄一啐。

　　一個學僧曾經向河南寶應院的南院慧顒禪師問道：「請問什麼是啐啄同時的妙用？」

　　禪師仔細地為他解釋，學僧卻不滿意地表示不懂。

　　禪師聽後，一棒打了過去。學僧還要開口辯解，禪師就將他趕出山門。

禪

　　這個學僧後來在雲門禪師座下參學，一日，就將其離開慧顒禪師處的情形告訴文偃禪師的門人聽，門人聽後問道：「慧顒禪師棒打你，此棒有所折斷嗎？」

　　學僧聽後，豁然領悟，趕快返回南院，想向禪師懺悔，但禪師已經圓寂，南院寶應寺也已由風穴延沼禪師擔任住持。

　　風穴延沼禪師問道：

　　「你當時是想怎樣才不服先師的？」

　　學僧回道：「我當時好像是在燈影搖晃中走路一樣。」

　　風穴探知究竟後說：

　　「那麼你已經會了，我給你印證。」

　　「飯未煮熟，不要隨便一開；蛋未孵熟，不要妄自一啄。」啐啄妙用，當下一刻，一個新的生命就要破殼而出，慧顒禪師對學僧的教化只是醞釀孵化，文偃門人的一句「棒有折斷嗎？」才是巧妙的一啄！一語驚醒夢中人，時機成熟而已！

35 飯後三碗茶

原文

> 吉州資福如寶禪師……問：「如何是和尚家風？」
> 師曰：「飯後三碗茶。」
>
> ——《景德傳燈錄》

林清玄曾寫過一首偈：

「茶味禪味，味味一味；詩心佛心，心心相印。」

東方人特別愛喝茶，茶的學問與藝術更是數說不盡。

關於茶有個特別的傳說：

來到中國的達摩祖師，在嵩山少林寺面壁打坐九年期間，時常因打瞌睡而苦惱，於是將自己的眼皮撕下，丟在地上，不久竟長出綠色植物，將葉子放在熱水中煮開飲用，達摩祖師坐禪時就不再打瞌睡了。

穿鑿附會之下，茶的前世今生竟然跟達摩祖師有關係，試想，達摩祖師一定也喝過茶吧！

有人說，「茶禪一味」是由宋朝臨濟宗大師圓悟克勤提出的，《碧巖集》正是出自他手。

據說，他手書「茶禪一味」四字眞訣，被日本留學生輾轉傳至日本高僧一休宗純手中，成爲日本代代相傳的國寶。

　　大德寺一休和尚將茶道之法傳給弟子珠光，融入日本
文化之特色，創出富有東瀛風味的日本茶道，成為日本傳
統文化的重要組成部分。經由千利休改良後，「和敬清寂」
的茶道精神風行一時。

　　珠光禪師曾說：

　　「茶道的根本在於清心，這也是禪道的中心。」

　　趙州禪師總說：「吃茶去。」什麼意思？這就是喝茶
的心態，無心於事，無事於心，面臨任何事，亦復如是。

　　如人飲茶，滋味自知，茶還是茶嗎？

禪

36 風送水聲來枕畔

原文

鼎州大龍山智洪弘濟禪師，……問：「如何是微妙？」師曰：「風送水聲來枕畔，月移山影到床前。」

——《五燈會元》

從禪師們的話頭上，往往不禁要感動於他們對於大自然的微妙體悟，大自然的一舉一動好像都逃不過他們的法眼，好像所有美妙的事情只在他們面前呈現，是這樣嗎？

僧問：「世界萬物的微妙之處在哪裡呢？有什麼微妙之處呢？」

禪師答：「風將水聲送到枕旁，月將山影移到床前。」

忙碌的一天當中，我們往往只專注於自己的工作俗事，外在的一切聲響事物也忽略了。直到深夜歇息時，突然聽見微微的風將水聲送到耳邊，看見窗外的月光將山的影子搬到床前。——原來是「靜」才有所得。

心靜，才能感受到大自然的微妙，心靜則「山花開似錦，澗水湛如藍。」萬物原本存在，他們從不在乎被誰欣賞，也不在乎被誰錯過呀！

㊲ 原夢

原文

　　睡次，仰山問訊，師便回面向壁。仰曰：「和尚
何得如此。」師起曰：「我適 來得一夢，你試爲我原
看。」仰取一盆水，與師洗面。少頃，香嚴亦來問
訊。師曰：「我適來得一夢，寂子爲我原了，汝更與
我原看。」嚴乃點一碗茶來。師曰：「二子見解，過
於鶖子。」

——《五燈會元》

「原夢」就是解夢的意思。

有一天，潙山禪師正在小憩，仰山前往問訊，潙山聽
到有人進來，便轉身面壁，不看來人。

仰山禪師說道：「老師爲何回頭不理我呢？」

潙山禪師起身道：「剛才我作了一個夢，你幫我圓圓
看。」於是，仰山禪師到外面打了一盆水來，潙山禪師迅
速地洗過臉，不久，香嚴禪師也來問訊。

潙山禪師對香嚴禪師也同樣地說道：「我剛才作了一
個夢，慧寂幫我圓了，你也幫我解解看。」

香嚴禪師聽後，便到外面替潙山禪師端了一碗茶來。

潙山禪師很高興地說道：

「你們兩個人的智慧見解，已經勝過鶖子舍利弗了。」

圓夢就是打盆水洗臉？圓夢就是倒杯清茶享受？禪師
間的論道很有趣。原來，夢，遇水則醒；夢，遇茶也解。

禪

38　退步原來是向前

原文

　　手把青秧插滿田，低頭便見水中天，心地清淨方
爲道，退步原來是向前。

——布袋和尚

　　布袋和尚看著農夫工作，農夫插秧的時候，一根接著一根往下插，直到插滿整座田，誰說低頭不見天？農夫彎腰低頭看到的是倒映在水田裡的天空。

　　當我們身心清淨，不再被外界的物欲污染的時候，才能與道相契。

　　農夫插秧，邊插邊後退，正因爲他能夠退後，所以稻秧可以順利插好，所以他插秧時的「退步」原來才是向前。

　　日本有一位禪師曾說：「宇宙有多大多高？宇宙只不過五尺高而已！而我們這具昂昂六尺之軀，想生存於宇宙之間，只有低下頭來！」成熟的稻子也是低頭的，我們要想認識眞理，就要謙沖自牧，把頭低下來。

　　人生向前很風光，可是耕種的時候，如果農人向前插秧有多礙手礙腳呢？以退爲進，但求安然自在！在人我是非之前忍耐三分，這種謙恭中的忍讓才是眞正進步，時時照顧腳下，腳踏實地的向前才最爲可貴。

39 白馬入蘆花

原文

> 眞州長蘆眞歇清了禪師……僧問：「如何是空劫已前自己？」師曰：「白馬入蘆花。」
>
> ——《續傳燈錄》

僧問：「在空劫以前，沒有佛眾生的時候，自己是如何呢？」禪師說：「白馬入蘆花。」

秋日，蘆花盛開處處如霜似雪，白馬穿梭其間，一片雪白，看起來難以分辨，但是，蘆花與白馬始終是不一樣的兩種物質，即使存在是平等的，但始終是有分別的。

存在與存在之間並不會互相干擾，或許在億萬年前，空劫之前，在寂寂虛空中，自己也是寂寂虛空的一部分，看起來很難分辨，也是平等地存在著，但是，本質始終是不一樣的。

禪

40 　自笑一聲天地驚

原文

　　到鳳林，林問：「有事相借問得麼？」師云：
「何得剜肉作瘡。」林云：「海月澄無影，遊魚獨自
迷。」師云：「海月既無影，游魚何得迷？」林云：
「觀風知浪起，玩水野帆飄。」師云：「孤輪獨照江山
靜，自笑一聲天地驚。」林云：「任將三寸輝天地，
一句臨機試道看。」師云：「路逢劍客須呈劍，不是
詩人莫獻詩。」鳳林便休。

—《鎮州臨濟慧照禪師語錄》

臨濟禪師與鳳林禪師交往時，有一次鳳林禪師問道：
「我有一個問題想請教您，不知您願不願意回答？」
臨濟禪師回答道：
「誰不知道鳳林上人是位大詩人，我可不要挖自己的肉
作瘡！不過我倒很好奇您的問題是什麼？」
鳳林：「海月澄無影，遊魚獨自迷。」
臨濟：「海月既無影，遊魚何得迷？」
鳳林：「觀風看浪起，玩水野帆飄。」
臨濟：「孤輪獨照江山靜，自笑一聲天地驚。」
鳳林：「任將三寸輝天地，一句臨機試道看。」
臨濟：「路逢劍客須呈劍，不是詩人莫獻詩。」
鳳林對詩至此節節敗退，已無話可說。
於是臨濟禪師又道：
「大道絕同，任向西東；石火莫及，電光罔通。」

禪

　　心念一動，遍十方界，石頭之火，雷電之光，都不及心念快呀！

　　禪者好問，因為他們對人生、佛道、禪心等充滿疑問，許多答問看起來沒有相關，但實際上卻緊密相連。

　　仔細品味兩人所激發出的答案，可以在其中觀察到悟道前後的境界，嘗到悟道前後的滋味，真有趣！是你又要怎麼對呢？

　　禪詩睥睨世情的氣魄，總讓人有為之驚喜的能量，就像臨濟義玄禪師答鳳林所言：「孤輪獨照江山靜，自笑一聲天地驚。」江山寂靜，連自己輕聲一笑都驚破了天地。

　　多可愛的禪啊！

41　滿船空載月明歸

原文

　　千尺絲綸直下垂，一波才動一波隨。夜靜水寒魚
不食，滿船空載月明歸。

　　　　　　　　　　　　　　　——華亭船子和尚

　　德誠禪師爲唐末高僧，得法於藥山惟儼禪師。平日隱
居於秀州華亭，在吳江邊畔爲人擺渡，人稱「船子和尚」。

　　這四句詩偈寫的是月夜垂釣的情景。和尚的偈清冷，
充滿自悟的空覺，生涯如船，月明即是禪燈佛影。

　　「千尺長的釣絲筆直垂入水中，專注垂釣，等待江底的
大魚上鉤。江風一吹，水面波光粼粼。夜深沉靜，水寒魚
藏，魚兒不來，只有載著一船滿滿的月光，歸去。」

　　「千尺絲綸直下垂」，暗喻著眞如自性潛藏在心識最深
密之處，必須極力參尋、垂釣，當然需要千尺長的絲綸，
因爲大魚藏在很深很深的寒水裡。

　　然而，當尋覓自性的心生起時，心識的漣漪卻又波波
相隨，如何在萬頃波光中分辨，是風動，或是魚動？

　　潛藏深處的大魚深具靈性，難以刻意捕捉。若能無欲
而求，從容中道；釣得大魚，有得魚的喜悅，空手而回，
也有月色禪心的愜意。

　　船載了滿滿的月光，人盛了「空如」的禪燈佛影，一
幅寫意的漁翁垂釣圖，明淨澄澈，一塵不染。

42 一劍揮盡

原文

> 撫州曹山本寂禪師……問：「沙門豈不是具大慈
> 悲底人？」師曰：「是。」曰：「忽遇六賊來時如
> 何？」師曰：「亦須具大慈悲。」曰：「如何具大慈
> 悲？」師曰：「一劍揮盡。」曰：「盡後如何？」師
> 曰：「始得和同。」

——《五燈會元》

　　僧侶應該具有大慈悲，這是信仰，也是「道」。可是遇到六賊來時又該如何？

　　所謂六賊，即是佛教中的色、聲、香、味、觸、法。這六賊，導致人無休止的煩惱，該對六賊怎麼辦呢？如何才能維持大慈悲呢？

　　師父說：「一劍斬盡」

　　不止六賊必須斬盡，連大慈悲心也一起斬盡。這把劍是什麼呢？是握在自己手中的自性之劍，這把石中劍，當由自己這個主人，才能拔起，才能揮出。

　　自己的煩惱要由自己堅強的割斷，所謂：

　　「不行霹靂手段，難顯菩薩心腸。」

43 掬水月在手，弄花香滿衣

原文

> 僧問：「有句無句，如藤倚樹，此意如何？」師
> 云：「掬水月在手，弄花香滿衣。」
>
> ——《虛堂和尚語錄》

僧問：「有與無，像藤倚樹，意思是什麼呢？」禪師答：「掬水月在手，弄花香滿衣。」因為手中捧著水，月兒便可映留在手中；聞弄著花兒，香味也沾染滿衣裳。

「掬水月在手，弄花香滿衣。」出自于良史的〈春山月夜〉一詩，是一首美麗的月夜春遊詩。禪師用這麼美麗的畫面來解釋難懂的意識層面問題，讓人看了心曠神宜，心神為之一振。

境界中，有「無」才能對照出有「有」，有「有」才能對照出「無」，對照的觀念如同藤蔓依著樹木成長，一旦樹木枯萎，藤蔓亦無法生存。就宛如手中有「水」，「月」才會在手；有「花」，「香」才能沾染到衣服上。少了任何一樣東西，這個境界也就不在。

人生在世，想要過得快樂，一定要明白「有與無」相對存在，正如「愛與恨」、「喜與悲」、「善與惡」、「大與小」、「高與低」等相對且相隨。明白洞察兩端的能力，學習如何斬斷對立，讓「兩頭俱截斷，一劍倚天寒」，把相對的認識與觀念斬斷，也不落中立，而是返回空境。

44 暮鼓晨鐘

原文
　　「暮鼓晨鐘，驚醒世間名利客；經聲佛號，喚回苦海夢迷人。」

——普陀山普濟寺偈聯

　　太虛大師曾說自己入定內證的經驗，有次在普陀山閉關，晚上靜坐，在心漸靜時，聞到前寺的打鐘聲，好像心念完全被打斷了，冥然罔覺，沒有知識，一直到第二天早鐘時，才生起覺心。霎時光明音聲遍滿虛空，虛空、光明、聲音渾然一片；沒有物我內外。

　　鐘是佛教重要的法器，一般人常說晨鐘暮鼓，指它敲擊的時間通常是在清晨和晚上。

　　都市道場怕干擾鄰居，要敲鐘不易，大抵都要到大寺院裡才有機會一聞，或許「暮鼓晨鐘」真如同無言的法說，在召喚迷失的人們：趕緊回到清淨自在的心靈故鄉吧！

　　在法制中，清晨當大家都還在睡夢中時就開始敲鐘，有警策人們精勤、慎勿放逸的意思。晚上敲完鐘後一切安靜下來，這叫「大止靜」。所以，鐘聲有報時的作用，鐘一敲，大家知道「大止靜」時刻了，一切止靜下來，用功、休息。

　　敲鐘不是亂敲，其中還有許多規矩，撇開規矩不談，寺院鐘聲真的是讓人聽了有醍醐灌頂般的通身舒暢，其中一聲一聲都傳遞出禪悅的美好能量，每響一聲空寂的波動感受便穿透身體一次，一百零八響中，如浪潮般帶走生命中許多的沙塵。

　　難怪有太多詩人為鐘聲著迷，王維就寫過：「寒燈坐高館，秋雨聞疏鐘」，「古木無人徑，深山何處鐘。」張繼有名的「夜半鐘聲到客船」，常建的「萬籟此俱寂，但餘鐘磬音」亦可證之。

　　能夠煮茗待鐘聲的日子，應是許多勞碌世間人嚮往的吧！

禪

45 醉裡卻有分別

原文

> 平生醉裡顛蹶，醉裡卻有分別。今宵酒醒何處，
> 楊柳岸，曉風殘月。

——開元法明上座

據《五燈會元》所載，邢州開元法明上座，得教於法忍禪師處，回鄉里後卻很落魄，不管何時都拿著個酒葫蘆，常常酩酊大醉，喝醉時就吟唱幾闋柳永的詞。

由於經常如此，鄉民都譏笑他，人叫他吃飯他拒絕，叫他喝酒一定赴約，如此十餘年下來，眾人都稱他「醉和尚」。

一天，醉和尚告訴寺裡的人說：「我明天就要走了，你們不要去別的地方。」眾人私底下都嘲笑他胡說八道。

第二天清晨，上座穿好法衣端坐法座，大聲喊說：「我要去了，快來聽我一偈。」眾人聞聲跑過去一探究竟。

上座說：「平時常醉醺醺地，這醉裡卻是有分別的，什麼分別呢？正是迷醉時，不知今宵酒醒之時人在何處；等到清晨天濛濛亮時，這才發現昨夜在楊柳岸邊睡了一夜呀。」說完就圓寂蛻化了。

到底是眾人皆醉，我獨醒；還是眾人皆醒，我獨醉？醉和尚悟到了什麼？他的醉跟別人的醉有什麼分別呢？

自性迷時，一顆心迷惘得癡醉，連自己去哪都不知；唯有自性得悟，心亮了才得以發現自心迷惘的癡醉荒唐。

46 隻手之聲

原文

　　……白隱在江戶提倡《碧巖錄》，峨山反於師命，前往江戶，呈解於白隱，答云：「你從何處惡知識得來，許多臭氣薰我？」把他趕出。峨山不服，再三入室，三次打出。峨山：「彼，白隱是什麼？不知我有實悟，可能故意欺我。」即前往禮謝云：「前日是某甲錯，觸犯老和尚，願垂下慈謁。」白隱：「你後生家，擔一肚皮禪，而過去，口吧吧地，到生死岸頭，總無著力，如何痛快平生，須聽我隻手之聲。」隨從四年，峨山三十歲開悟了。

　　　　　　　　　　　　　　　　　——佚

　　有一年，峨山聽說白隱禪師在江戶的地方開講《碧巖錄》，便到江戶參訪白隱禪師，呈上自己的見解。

　　誰知白隱禪師卻說：「你從惡知識處得來的見解，許多臭氣薰我！」於是，便把峨山趕出去。

　　峨山不服，再三入室，三次都被打出來。

　　峨山心想：我是被印可的人，難道白隱禪師看不出我有實悟？或許是在考驗我吧。便再去叩禪師的門道：「前幾次因我的無知，觸犯了禪師，請您垂慈教誨，一定虛心接受。」

　　白隱禪師道：「你雖擔一肚皮禪，到生死關頭，總無著力，如果要痛快平生，須聽我『隻手之聲』！」

　　從此，峨山便在白隱禪師座下，隨侍四年，在峨山三十歲那年終得開悟。

　　「隻手之聲」為何？正是白隱慧鶴禪師最愛參的公案。

　　東陽是建仁寺方丈默雷禪師的弟子，他十二歲時，曾請默雷教他禪法，默雷教他先參「什麼是隻手之聲？」

　　雙手互擊能產生聲音，隻手的聲音是什麼呢？東陽回去思索，當天晚上，他在寮房聽到屋外傳來藝妓美妙的歌聲，第二天興沖沖的跑去告訴師父，這就是隻手之聲，師父冷冷的回答：「那是歌聲，不是隻手之聲。」

　　「是呀，華麗的歌聲是人製造的，當然不對！」東陽心想。於是他用心聆聽自然界的聲音。寧靜的清晨，屋簷落下一顆水珠，「滴答」一聲，敲在東陽心坎，他跟師父說：「水滴的聲音就是隻手之聲！」師父仍是搖搖頭。

　　東陽仔細參各種聲音，風聲、水聲、蟬聲……，默雷都說不是。如此過了一年，有一天東陽禪坐時，於寂靜的定中，忽覺身心超越了一切。他將這種無聲之聲的感覺告訴師父，師父說這是「隻手之聲」。

　　白隱禪師曾解釋說：「隻手不可能發出聲音，但是傾聽一定能聽到。」一個巴掌拍不響，可是，空中揮動的手掌，是聽誰指揮的呢？聽誰的呢？這就是無聲之聲吧。

47 聞，非關聞性

原文

> 于時庭樹鴉鳴，公問：「師聞否？」曰：「聞。」
> 鴉去已，又問：「師聞否？」曰：「聞。」公曰：
> 「鴉去無聲，云何言聞？」師乃普告大眾：「佛世難
> 值，正法難聞，各各諦聽。聞無有聞，非關聞性。本
> 來不生，何曾有滅？有聲之時是聲塵自生，無聲之時
> 是聲塵自滅，而此聞性不隨聲生不隨聲滅，悟此聞性
> 則免聲塵之所轉，當知聞無生滅，聞無去來。」

——《景德傳燈錄》

　　庭院的樹上，棲息的老鴉正在叫著，杜相國問：「禪師，你聽到了嗎？」無住禪師回答：「聽到。」

　　老鴉飛走了之後，相國又問：「禪師，你可還聽到鳴叫聲？」無住禪師回答：「聽到。」

　　相國說：「老鴉早已飛走，根本沒有鳴叫聲，你怎麼還說聽到？」此時，無住禪師便趁勢對大眾宣揚道義：

　　「佛性難以預測，正法難以聽聞。各位請仔細聽，剛才所說聽到，其實並沒有聽到，因為聽到並非聽的真實本性。

　　真實的聽，從來就不曾發生過，又怎麼會消失？所謂聽到，是你的心染上聲塵；所謂聽不到，則是從你的心除去聲塵。但是聽的本性，並不會隨著聲塵的有無而生滅。當你領悟了聽的本性之後，便不會被聲塵所牽制。各位應當領悟的是，聽，無生滅，無去來。」

　　一個成就者的心，是不動的，能夠斷除所有的煩惱，
不會因為種種的分別，時而這樣，時而那樣。

　　用心轉境，而非心隨境轉。心的本身是無垠的空間，
而在廣大的寂靜之中，心可以造天堂，心可以造地獄，一
念之間而已。

　　人生的每段經歷，都會帶給我們許多不一樣的感受，
這裡面，有憂傷、痛苦、憎恨、矛盾、衝突，也會有歡
笑、喜悅、開心、爽快、和樂。

　　不管是哪種感受，都像是暫時佇足停留的烏鴉，烏鴉
的叫聲原本就吵鬧，如果你對烏鴉吵鬧聲沒有反應，自然
不覺得困擾，如果你硬是要用心計較，就算烏鴉飛走了，
吵鬧的叫聲還是會停留在耳邊，纏繞不去。

48 平常心是道

原文

趙州初見南泉問：「如何是道？」南泉云：「平常心是道。」

—— 《續傳燈錄》

趙州參謁南泉時，某天，趙州提出一個問題：

「何謂道？」

南泉回答說：「平常心是道。」

面對困難的問題，答案也可以很簡單，但是，卻很不容易做到。

平常心是一顆真實的心，沒有誤解，沒有做作，沒有疑慮。該吃飯的時候吃飯；該睡覺的時候安心休息；該發言的時候就發表自己的意見。應該做什麼事，就做什麼事，這就是平常心。

趙州禪師當下心生疑惑，再問：

「這樣是否表示我們就不必修行，順乎自然就是道？」

南泉回說：

「如果你非得要為道找一個令人信服的解釋或是理由的話，道又不見了。」

　　趙州再問：「可是沒有目標的修行，能夠體會道嗎？」

　　南泉回答說：「所謂的道，不在於知或不知。若你自認為有知，那就是妄想；但如果說不知，那又是空白。當你真正到達不疑的境地時，則如同虛空。萬事萬物融合虛空中，沒有分別。」

　　求道不易，達到虛空境界更難，我們只是平常人，從平常心做起，只求待人接物懷抱直心，日日是好日。

49 一期一會

原文

一期一會。

——《茶湯者覺悟十體》茶道守則之一

　　生命在呼吸間,除了把握當下,我們要怎麼來談對生命的珍視?有誰能肯定地說:「明日我必能與你再會。」再見,有時候就是永遠。

　　一期一會,是日本十六世紀著名茶僧千利休的弟子山上宗二,在其著書《茶湯者覺悟十體》中所提出的茶道守則之一。「一期」,表示人的一生;「一會」,則意味僅有一次的相會。

　　日本戰國時代,當時武將們出征的前夕,首領會請茶人來替眾武士舉行茶會,不知道明天是死是活?只知道現在還活著,在這且先忘掉戰爭,全神貫注於當下,那唯一真實且不會再有的一刻,用全身全意去喝手上這碗茶。

　　後來,這樣專注又美麗的心情,變成日本茶道中的「一期一會」:每次喝茶時,都要懷著這碗茶是此生唯一,也可能是最後的心情來好好品嚐,這就是茶道。

　　只是一碗茶就要喝得如此珍貴,那我們的人生呢?生命中的一期一會呢?諸行無常的世上,該要好好把握當下,好好尊禮生命,好好品味人生的味道才是。

　　請問,你有過幾回「一期一會」呢?還能有多少呢?

50 代你不得

原文

　　建寧府開善道謙禪師，……師自謂：「我參禪二
十年，無入頭處。更作此行，決定荒廢。」意欲無
行。友人宗元者叱曰：「不可在路便參禪不得也，
去，吾與汝俱往。」師不得已而行，在路泣語元曰：
「我一生參禪，殊無得力處。今又途路奔波，如何得相
應去？」元告之曰：「你但將諸方參得底，悟得底，
圓悟妙喜爲你說得底，都不要理會。途中可替底事，
我盡替你。只有五件事替你不得，你須自家支當。」
師曰：「五件者何事，願聞其要。」元曰：「著衣喫
飯，屙屎放尿，駝箇死屍路上行。」師於言下領旨，
不覺手舞足蹈。

——《五燈會元》

　　宋朝禪師大慧宗果的門下，有一個和尚名叫道謙。參
禪多年，但沒有發現禪的奧祕。他的師父派他出遠門去辦
事，他非常失望。爲時半年的遠行，在他看來，對他的參
禪有害無益。

　　他的同門和尚宗元十分同情，對他說：「我同你一塊
去好了。我想我可以盡我的全力來幫助你，沒有任何理由
使你不能在路上繼續參禪呀。」因此，他們一起遠行。

　　一天晚上，道謙向宗元訴說了自己久參而不能悟道的
苦惱，並求宗元幫忙。

　　宗元說：「我能幫助你的事盡量幫助你，但有五件事
我是無法幫助你的，這五件事你必須自己去做。」

　　道謙忙問是哪五件事。

　　宗元說：「當你肚餓口渴時，我的飲食不能填你的肚子，你必須得自己飲食；當你想大小便時，你必須自己來，我一點也不能幫你；最後，除了你自己之外，誰也不能馱著你的身子在路上走。」這些話立刻打開了道謙的心扉。此時他感到快樂無比。於是，宗元說：

　　「我的事已做完了，再伴遊下去已經沒有什麼意義，你繼續前行吧。」

　　半年之後，道謙回到了原來的廟裏。當大慧在半山亭遇見他，便說：「這人連骨頭都換了。」

　　在工作上，我們往往都有代理人，當自己不在位時，代理人幫忙接手自己的事務。但是人生有太多事情，沒有任何代理人可言，只有自己才能決定自己，任何人都代你不得。

第三篇

大家來說禪

天天天禪

大家來說禪

丹霞燒佛

　　鄧州丹霞天然禪師，是唐代的大禪德。

　　丹霞禪師孤身一人在冬天行腳，有一天晚上，他來到慧林寺，要求掛單。

　　雖然住持同意他掛單，但是不讓他進寮房，只是輕蔑地說：「我們這裏人太擠，你如果不走，就在大殿裏打坐好了。」

　　這天，天氣酷寒，夜晚溫度更降，佛寺大殿空蕩蕩，冷風刺骨，根本無法好好休息，丹霞禪師不禁心想：「該怎麼辦？」禪師環視這大殿有不少佛像，竟然動手把大殿供奉的佛像搬來燒火取暖。

　　次日一大早，住持一見此事，大驚失色，責問他：「你為什麼燒我的佛像？」只見丹霞禪師拿著木杖，撥了撥地上的灰燼說：「我燒取舍利。」

　　住持怒道：「木佛哪裡會有舍利？」

　　禪師對道：「既然沒有舍利，那你罵我做什麼？天氣這麼冷，我再多燒兩尊吧！」住持聽完，眉鬚都垮了。

　　據說，後來燒佛的丹霞禪師沒事，這住持倒是被佛處罰，眉毛、鬍鬚都掉光了。

說　禪

　　禪在心，在念，在每一個活著的此時此刻，佛亦如是。如果人無心，那物何有情？如果人心無佛，那拜佛只是拜木佛。佛是慈悲，是自在，是大願，是施，是捨，是度眾生；不會住在小鼻子、小眼睛的自私之心中，禪亦如是。

02　一二三四五

　　日本著名的道元禪師三歲喪父，八歲喪母，從小被叔父收養，十四歲時在京都建仁寺出家。

　　宋朝時，道元禪師來到中國留學，走遍名山，後來在浙江天台寺如淨禪師處得法。回到日本後，他努力弘揚禪道，成為曹洞宗的開宗祖師。

　　初到中國留學時，道元禪師曾遇到一位七十多歲的老禪師，這位師父登上他所乘坐的商船購買木耳。

　　因為同是修行人，禪師親切地跟他打招呼，言談中得知老禪師名為「有靜」，是浙江阿育王寺煮飯的典座。

　　於是道元禪師就對老禪師說：「禪師，天色已晚，您就不要趕路，在我們船上過一宿，明日再回吧。」

　　老禪師有禮地回答：

　　「謝謝好意，明日阿育王寺正好煮麵供養大眾，今兒特地出來買木耳，以赴明日應用，所以不便在此留宿。」

　　道元禪師道：「您不在寺裡，難道就沒人可代理嗎？」

　　有靜老禪師道：「不，不能讓人代理，我是到了現在這種年紀才領到這分職務，怎可輕易放棄或請人代理呢？何況我未獲得外宿同意，不能破壞僧團清規。」

　　道元禪師道：「您年高德邵，何以還要負責典座這種繁重的職務呢？應該安心坐禪、勤於讀經才是！」

　　有靜老禪師聽後，開懷笑道：

　　「年青的禪者呀，你也許還不了解何謂修行，請莫見怪，你是一個不懂禪心經語的人。」

　　道元禪師羞愧地問道：「何謂禪心經語？」

　　有靜老禪師不作思索地道：「一二三四五。」

　　道元禪師再問道：「何謂修行？」

　　有靜老禪師再道：「六七八九十。」

說　禪

　　「一二三四五，六七八九十。」禪心無相無著，而人人有心，卻反遭人心束縛，若能順境逆境、隨遇而安，珍惜當下所作所爲，更是眞實的修行。

　　不知年輕時代的道元禪師當下有什麼領悟？你又有什麼想法呢？

○3　貪多忘本

　　歸宗智常禪師問一位秀才：「你專攻哪些經史？」

　　秀才說：「我熟悉二十四家書法。」

　　禪師伸手向空中點一點，問秀才：「你明白嗎？」

　　秀才答：「不明白。」

　　禪師說：「還講什麼熟悉二十四家書法，連這永字八法你都不知道。」

說　禪

　　萬丈高樓平地起，房子的地基如果不穩，結構如果不實，一有個風吹草動便要坍塌，怎麼可能建出高樓大廈呢？

　　做學問如此，做人處世更是如此，基礎如果沒有好好奠定，又要貪多忘本，恐怕只會得到一個自以為華麗卻很脆弱的空殼子。

04 蝦蟆索命

清遠禪師有次開示說：

「從前，有個和尚，一生奉行戒律。一天夜裡，他走在路上，忽然覺得腳下踩到一樣滑溜的軟東西，而且還發出吱吱聲響。他覺得那是一隻蝦蟆，而且蝦蟆的肚子裡還有無數的小蝦蟆，當時心中是又**驚訝**又懊悔。

晚上睡著後，他感覺到一陣淒風纏身，彷彿見到數百隻蝦蟆來向他索命，和尚全身冷汗驚醒，害怕恐懼得不得了。

天亮以後，他又回到昨夜踩到東西的地方查看，卻發現原來他踩到的是一條老茄子。和尚的疑慮頓時消失，也因此省悟三界無法的道理，腳踏實地去修行。」

說 禪

欲界、色界、無色界，是名「三界」。出三界有出三界的條件，如何才能出三界呢？這是佛門弟子日夜以求的根本問題，修習佛法若不出三界，不解脫生死輪迴，學佛就沒有達到學佛的宗旨，既然如此，該如何修？如何行才能出三界呢？

「三界無法，何處求心？」莫要沉迷於虛妄不實的迷信，腳踏實地才是良方。

禪

05 熱湯火裡

曹山慧霞禪師對一和尚說：

「悟道的人，無論內外多麼炎熱，也不會受到影響。」

和尚回說：「是的。」

禪師又說：「如果現在炎熱至極，你要到哪裏躲避？」

和尚說：「就往熾熱的火爐裏躲。」

慧霞不解地問：「火爐熾熱無比，你如何避炎熱？」

和尚指著自己的心，徐徐答說：

「在這個地方，世間眾苦皆不能到達。」

說 禪

人會覺得煩惱，是因為他有時間煩惱；人會為小事煩惱，是因為他還沒有大煩惱。

一個因為自己眼睛長得太小而每天對鏡煩惱的人，當他知道自己得了肝癌後，就不會再為眼睛太小而煩惱了。

要惜福呀！當想要抱怨的時候，請靜下心來檢視生活。漸漸地，你就會開始感恩：「原來我之前的日子是這麼好！」因為煩惱總是來自於比較，如果一切都能安之若素，還會有什麼煩惱？

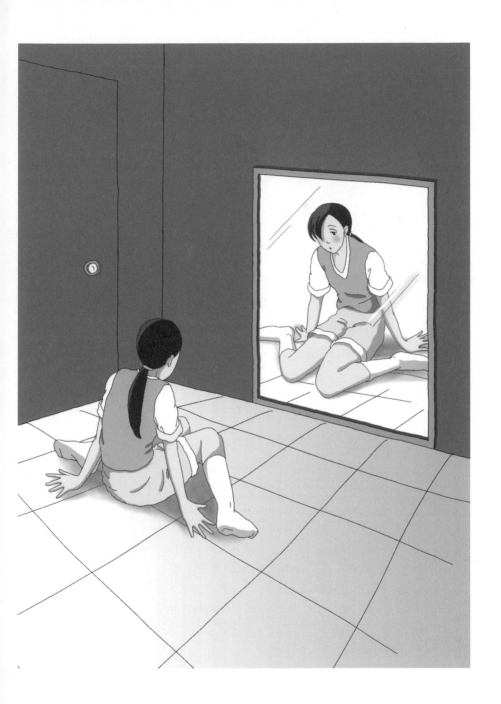

06　哪頭牛不是菩薩？

有一天，潙山與仰山師徒一起去放牛。

潙山指一指牛群問：「這裡面有菩薩嗎？」

仰山答：「有。」

潙山又問：「你看哪頭牛是菩薩，指出來讓我看看。」

仰山反問：

「師父懷疑哪頭牛不是菩薩，煩您指出讓徒弟看看。」

潙山一笑作罷。

說　禪

《華嚴經》說：「一切眾生平等。」

《大智度論》說：「凡夫與佛平等，無二無別。」

《大般若經》說：「上從諸佛，下至傍生，平等無所分別。」

佛教的教義中，「眾生平等」是一個很重要的觀念。

我們所生存的世界是如此的美好，是以更要學習尊重世界的萬事萬物，將眾生平等的觀念植入心中，學習不偏執，不自以為是，沒有分別心。相信如此，人的視界就會更廣大，心胸也更開闊。

07 　　　饑食睏眠

　　有一位以戒律修行為主的源律師前來拜見大珠慧海和尚，源律師早聞大珠和尚的道行高深，於是請教：

　　「師父修行禪法，有無特別的工夫？」

　　大珠和尚說：「當然有。」

　　源律師一聽，起身問：「那您是如何用功？」

　　大珠和尚一本正經地說：「饑來則食，睏來即眠。」

　　源律師說：

　　「這不是一般人理所當然的生活嗎？那每個人的生活跟你的用功方法都是一樣的了。」

　　大珠和尚正色說：「當然不同。」

　　源律師又問：「哪裡不同？」

　　大珠和尚說：

　　「世上的人吃飯時不認真吃飯，想東想西，百種思索；睡覺時不好好地睡，一下擔憂明天，一下懊悔今日，千般計較。我則是餓了就全心吃飯，睏了就放心睡覺，當然是不同的。」

禪

說　禪

　　人的生理時鐘有一定的運作模式，消化完了就會肚子餓，身體疲累了就會想休息，如果能有規律的作息生活，對養生自然有正面的幫助。

　　一個人的作息如果紊亂，該吃不吃，該睡不睡，不該吃的時候又吃，不該睡的時候還睡，身體怎麼可能會健康？再則，吃飯不能舒舒服服的吃，睡覺也不能安安靜靜的睡，心情能夠定靜嗎？最基本簡單的生活態度我們都做不好的同時，如何說其他？

08　無縫門

有個和尚問祖燈禪師：

「有一道無縫門，請師父為我開啓。」

祖燈禪師說：「你且前進三步，我跟你說。」

和尚向前走三步。

祖燈禪師說：「這不是開了嗎？」

說　禪

「若能識得春風面，萬紫千紅總是春。」紛紛擾擾的人世，使人的心也跟著紛擾，心不清明，又如何能夠做出清明的決定呢？

「無縫門」象徵生命的困境，被困在門後的不是人，而是當事人的心。有太多的生命困境其實是無解的，唯一的脫困方法就是讓自我沉溺的心從中跳出。

禪

 ## 大藏經的特殊之處

一弟子請教宗巖禪師說：

「《大藏經》中有什麼特殊之處嗎？」

宗巖禪師說：「我說了，只怕你不相信。」

弟子說：「請師父指點我吧！」

宗巖說：「《大藏經》裡黑的是墨汁，黃的是紙張。」

弟子答：「多謝師父解答。」

說禪

　　時代在變，有許多不合時宜的觀念也該被汰換。經典的宗教地位高高在上，但是經典的內容是否仍完全符合時代潮流呢？

　　「盡信書不如無書」，讀書不可執著於內文。有些經典值得一讀，但卻不能淪於死讀書、求甚解的窠臼，而是該活用書中的知識，進而發揚書中的精髓。

　　所謂「書中自有黃金屋」，但是書中亦有「鐵監牢」。客官們不可不慎思！

10　請衣服吃飯

　　日本的一休禪師有一位弟子當上了將軍。某日，這位將軍請他到府裡吃齋飯。

　　用齋時，一休禪師並不動口，而是將食物不停地塞進衣袖裡，將軍看了，驚訝地問：「禪師為什麼要這麼做？」

　　禪師說：「你今天是請衣服吃飯，不是請我吃飯，所以我就給衣服吃。」

　　將軍聽得一頭霧水，禪師便繼續說：

　　「我第一次來的時候，穿一件破爛的衣服，府上的侍衛不准我進來；等我換穿這套海青袈裟後，他才放我進來。我以為你是想請我的衣服吃飯，所以才給衣服吃啊！」

說　禪

　　眾人多著重外貌，常不自覺地以他人外表的美好、醜陋來判斷人的高貴與否。

　　然而許多人世間最寶貴的特質，例如慈悲、智慧、美德等，又豈是外衣能夠展現的呢？所謂「人不可貌相，海水不可斗量。」

11 　 點哪個心？

　　德山宣鑒禪師是四川人，能言善道，曾註解《金剛經》。德山禪師聽說，中國南方有一「教外別傳」的新興禪宗相當風行。他憤慨地認為此乃邪門歪教來擾亂佛門的正法，遂興起護法之念，發下大願，要去降伏他們。

　　禪師離開四川，往南方去，行腳途中，遇見一個賣點心的老婆婆。因為飢腸轆轆，就想向老婆婆買點心充飢。

　　老婆婆見他行李盡是書卷，就問德山說：

　　「這位出家師父啊！你行李裡都是些什麼書呢？」

　　德山回答說：「這些是《金剛經》的註解。」

　　老婆婆說：

　　「這樣說起來，你一定很了解《金剛經》了，正巧，我對《金剛經》有一個問題想向你請教。」

　　德山心想那些《金剛經》正是自己註解的，豈有不曉之理，就開口說：「你問吧！」

　　老婆婆說：

　　「《金剛經》上，有話說『過去心不可得，現在心不可得，未來心不可得』。這三心既然都不可得，那麼法師，你今天要買點心，你是要點哪一個心呢？」

禪

　　這一問，把德山禪師問得開不了口，無言以對。他做夢都沒想到，老太婆的一句話就把他難倒了，當下慚愧不已。

　　德山禪師初到南方時，對《金剛經》的了解，止於字面，當時的他雖然能夠注釋經典，但也只是整理文獻，尚未參透經典當中的智慧。在這個故事中，他對佛法「明心見性」的了解，說不定還沒有這位老婆婆多呢！

說　禪

　　文字障，是很多人的迷障。執著於字句，人人會說，會聽，會讀，會寫，甚至會想，但是竟然沒有辦法融爲生活的一部分！

　　滿口仁義道德，私下卻是敗行累累；自以爲心懷慈悲，但是卻只是要求別人，不會約束自己，於此總總，還能點哪一個心呢？恐怕，哪個心都點不成吧。

12 禪貴自悟

　　德山禪師因著賣點心老婆婆的指路，來到龍潭崇信禪師的寺院，懷著踢館與懷疑的心情，德山進入龍潭禪師的山門。

　　一日夜晚，德山禪師去請龍潭崇信禪師開示，入迷不已，久久不去。龍潭禪師說道：

　　「時間已經不早，你怎麼不回去休息？」

　　德山禪師向門外走了幾步，回頭說道：

　　「天黑，看不見了。」

　　龍潭禪師點了支火燭給德山禪師，德山禪師正想去接時，龍潭禪師一口氣又把火燭吹滅，德山禪師於此大悟，立刻向龍潭禪師頂禮，良久不起。

　　龍潭禪師便問道：「現在一片漆黑，你見到了什麼？」

　　德山禪師說道：「弟子心光已亮，從此不再懷疑天下老和尚的舌頭了。」

　　德山禪師悟道後，侍奉龍潭禪師達三十餘年。

說　禪

　　世人對自我的自信不夠、肯定不夠，常希望諸聖加被，跟隨個老師，好像如此就能夠一帆風順，也更接近聖境。

　　然修行在個人，德山禪師熟讀經典，但是一直無法明心見性，因爲禪不是一種可以模仿學習的對象，而是一種生活的方式。

　　禪「說一即不中」，當你覺得你發現什麼是禪的同時，它又好像改變了狀態，你無法從經典得到它，也無法從任何人那裡得到它，沒有人能夠教你。所以龍潭禪師適時將燭火吹熄，希望德山禪師明心悟性，或許正是要他除去依賴，心燈才能亮起。

13 撲滅心頭火

宋朝知名的理學家──張九成，某日造訪大慧宗杲妙喜禪師，禪師問：「今天怎麼會來？」

他向禪師說：

「我已撲滅了心頭妄火，特地來參大師的喜禪。」

禪師說：

「你今天還真早起呀？是你老婆去跟別人睡覺嗎？」

張九成一聽大怒，氣憤地說：「你這個頭腦昏昧的禿驢！怎麼說出這種話？」

妙喜禪師微微一笑，說：「你不是已撲滅心頭火了嗎？怎麼我輕輕一搧，你的爐內又冒煙了呢？」

張九成一聽，慚愧不已，更加篤信佛道。

說　禪

「說時似悟，對境生迷」，人的習氣並非朝夕可改。雖然一時不能改，但是能早些發現自己的問題，就已是件好事。

知道自己的念頭，在念頭浮現出來之際，看住自己，提醒自己，久而久之養成新的好習慣，至少心頭火不至於焚燒全身，做出後悔莫及的事。

禪

14　珍惜靈性

　　鳥窠禪師本號道林，「鳥窠」是大家給他起的綽號。

　　禪師雲遊西湖之時，見湖北秦望山中有一老松，松枝繁茂，盤屈如蓋。禪師心中歡喜，便爬上樹，如鳥兒一般，在松枝之間住了起來，故當時人稱「鳥窠禪師」。

　　唐元和年間，白居易出任杭州太守，聽聞鳥窠禪師的大名，遂前去拜訪。見禪師住在樹上，他說：「禪師你住的地方太危險了。」

　　禪師回答：「白太守比我更危險。」

　　白居易心中奇怪，忙問：「弟子官位在身，爲國家鎮守山河，會有什麼危險呢？」

　　禪師回答：「正因你官位在身，所以終日忙碌，不停地起心動念，處處被境轉動，就好像薪火相交，把自己弄得焦躁不自在，昧了靈性，這還不危險嗎？」

說　禪

　　有多少人會記得時刻珍惜我們的靈性？日日追逐名利，在社會越久，在某個單位越久，地位越高，或是權力越大，越容易迷失自我。在起心動念中，越易接觸利益得失，越易昧了心性，如果不能時時保持自覺，實在危險。

15 風幡心動

　　五祖弘忍傳衣缽給六祖慧能時，曾告誡他說：

　　「你此去南方，佛法難起，可暫作隱居，待時機成熟時再說法行化。」

　　慧能牢記教導，回到廣東曹溪後，隱遁於四會、懷集兩縣之間，終日與樵夫、走卒為伍，直到十多年後方行法教化。而其開始說法的契機，正與風幡之動的典故有關。

　　儀鳳元年（西元六七六年），慧能來到廣州法性寺。那時，法性寺的住持僧叫印宗，善講《涅槃經》。

　　一天，印宗法師開講，慧能也加入聽講的行列。

　　到了薄暮時分，突然起了大風，寺中的旗幡吹得上下飄揚，呼呼作響。

　　這時，一位僧人指著飄揚的旗幡說：「那是風在動。」另一位僧人反駁說：「那是幡動。」於是兩人各持己見，爭執不下。

　　一旁的慧能聽到，便說：「兩位別爭了，那既不是風動，也不是幡動，而是你們的心在動。」

說　禪

　　外界的物質一直存在，四季迭起，生態運轉，人間紛擾，存在的東西不變，變的乃是人的心。

　　有時，會聽見某人說：「真煩，工作好煩。」

　　試問，到底是「工作煩」，還是自己的「心煩」？「工作」不是一直這樣嗎？「工作」本身無覺，怎麼說它煩？

　　說快樂時，到底是外在快樂，還是自己因為外在覺得快樂？所以，當覺得外在有物干擾時，想想到底是物擾，還是自擾。

16　一刀兩斷

　　南宋高宗年間，妙普庵主被強盜抓住，並準備殺他。

　　他向強盜要來紙筆，自己給自己寫了一篇祭文，並說：「國運不好，百姓遭難，我們卻是在災難中還能夠享受快樂的剛烈漢子。今天是我回到西方極樂世界的良辰吉日，請你們成全我，給我來個一刀兩斷吧！」

　　他寫完就向強盜們急呼：「快殺！快來殺吧！」

　　強盜們很是驚訝，以為遇到了菩薩，於是向他賠罪，匆匆逃離。庵主也因此更聲名遠播。

說　禪

　　置之死地而後生，遇到大困難時，用求死的氣概，超脫於生死之外，就像進入無人之境，誰人不恐懼你呢？

　　人該最珍惜生命，強盜之所以要成為強盜，亦是為了求生，一旦受到反向的全然刺激，怎會不大受震撼？

　　坦坦蕩蕩，隨時修持自身，不留遺憾與害怕在身後，真正必須面對死的時候又有何懼？但這樣的方式亦要小心使用，誰知道會不會有相反的結局呢？

17 一棍子打死餵狗

「春有百花秋有月，夏有涼風冬有雪，若無閑事掛心頭，便是人間好時節。」這有名的偈語出自雲門禪師。

雲門禪師有個有名的公案：

有個僧人問雲門禪師：「佛一出生，就一手指天，一手指地，周圍走了七步，大聲說：『天上天下，唯我獨尊！』請問，這是什麼意思呢？」

禪師說：「可惜當時我不在場，我要在場的話，一棍子打死餵狗，好圖天下太平。」

這僧聽了，如墜五里霧中，又去問另一個禪師說：「雲門怎麼能講出這種話來呢？是不是有罪啊？」

那位禪師答道：「不，雲門講這話功德無量，報了佛的大恩。功德都說不完，哪裡還會有罪！」

雲門禪師拈弄禪機，可惜那僧不明所以。

說　禪

　　佛說：「天上天下，唯我獨尊！」這個「我」是指佛自己嗎？如果是佛自己，那這個宗教你就該懷疑了！

　　這個「我」，是每個獨特的自我。

　　不管天上天下，只有自我是最尊貴的。人的貴賤不是決定於地位、階級，尊嚴亦非命定，不在神權，不在他人眼光，而在於人可以透過自己的努力奮鬥，讓自我的行為與思想更臻美好。

　　僧人不明，或以佛自稱最為尊貴的角度來解讀佛的話，於是雲門禪師才如此拈弄禪趣，把自己捧得比佛還大。

18　不記年歲

　　武則天詔嵩嶽慧安禪師到京城，武后親加跪禮，朝夕問道，奉為安國師。

　　武后曾經問慧安禪師說：「您年紀多大？」

　　禪師回答：「不記得。」

　　武后說：「怎麼會不記得？」

　　禪師答道：

　　「此身有生有死，如同沿著車輪轉動。車輪沒有起點，也沒有盡頭，如此還惦記著年歲做啥？何況此心如水流動，中間並無間隙。心思如水泡般，不過虛妄罷了。從出有意識到此身毀滅，一直都是這樣。有什麼年月可記呢？」

說　禪

　　人越老越重視自己的年紀，越重視自己的成就，往往因為怕老，怕年華逝去，怕權力消逝，因此執著、介意。但執著有何用？介意又能如何？一樣挽不回任何一個當下。

　　過去，現在，未來，皆不可得。既然生命一開始就注定必須一步步邁向老死，那生死就是必然的結果；既是必然，人又何需在意必然發生的事呢？是以最重要的是好好活在每個當下，不管年歲幾何。

19　　商人與嚮導

　　從前有十三個商人，想要穿越絲路去西方做生意，因為路途不熟，眾人商量之後，請來一位嚮導。

　　有了嚮導領路，這些商人便浩浩蕩蕩地出發。

　　在沙漠中行走了數日，飲用水用盡，就在生死關頭，嚮導支吾地說：「我們剛經過一座綠洲，可是有點危險，我不太想帶大家進去。」商人生氣起鬨說：「不早說！人都快渴死了還談什麼危險？」

　　嚮導只好領他們穿越沙漠，來到一座神祕的綠洲補充飲水和食物，他輕聲地跟大家說：「大家動作快，安靜一點。」

　　沒想到，就在要離開的時候，當地人出來將他們團團圍住，說：「我們這裡有一座廟，天神指示要通過這個地方必須殺掉一個人來祭祀才行。」

　　原來就是因為這個可怕的規矩，所以嚮導不願意帶大家來。

　　商人們一聽，連忙聚集商量，大夥爭執不下，因為沒人想當犧牲品。結果因為商人們都是親戚好友，只有請來的嚮導是外人，便決定拿他祭神。

可憐的嚮導不敵眾人，成了祭品。

等到祭祀完畢，一行人趕緊動身離開這可怕的地方。

由於沒有了嚮導，他們出綠洲之後，再尋不到方向，大隊人馬走來走去，迷失在這無垠的天地，最後全困死在沙漠裡。

說　禪

　　如果嚮導是「理智」，你猜這十三個商人們會是誰呢？

禪

20　佛像借宿

　　挑水和尚在禪林寺住持時，名聲極盛，吸引了四方眾多的學徒。但和尚他認為，禪並不只在寺內才可以修得，因此為了打破當時寺院修行的形式主義，他辭去了院職，與乞丐一起生活，世人常不知道他的行蹤。

　　他年老時，住在一座小橋下的茅屋，靠編織草鞋維持生計。

　　一次，有位窮朋友送給他一張如來佛的畫像，對他說：「挑水，你當和尚不禮佛是講不過去的。我從廟裡給你討了一張佛像，你就好好禮拜吧！」

　　挑水接過佛像，道了謝，把佛像掛在茅舍的牆上，並在畫像下寫了一些文字：「如來佛，你這匆匆的過客，不妨就在我這裡暫時留宿一陣吧！請別介意我的茅屋窄小，更別以為我會為什麼上西天的事煩擾你。」

說　禪

　　佛無處不在，禪亦隨性自然，不計較外在形式。如果不是用心，不是真意，每天禮拜神像，徒具形式，有何用？真的用心，真的真意，每天誠心禮拜神像，又是真想求些什麼呢？

　　人的行為正直，心也正直，天地都是正的，何需擔心外在的形式，或擔心神佛不加持庇祐？禪只是生活而已。

大力士

　　石頭希遷禪師問一位剛來的僧人：「從哪裡來？」

　　答道：「從江西來。」

　　「有見到馬祖大師嗎？」「有。」

　　石頭禪師指著一橛柴問他：「爲什麼馬祖大師很像這一塊大木頭？」僧人實在想不通。

　　一段時間後，僧人跟石頭禪師還是不契合，又從湖南返回江西，還把這事告訴了馬祖禪師。

　　馬祖禪師見他一臉茫然，覺得好笑，就問他：「那木頭有多大？」僧人比了比大小，說：「很大一塊。」

　　馬祖禪師說：「你很有力氣。」

　　僧人丈二摸不著金剛，完全不懂這事跟他力氣大有什麼關係？

　　馬祖禪師接著說：「你老遠從南嶽背了一塊大木頭來到這裡，不是很有力氣嗎？」

說　禪

　　不懂的事很多，掛心的事也不少，一般人常常因爲無明，在心上擔放太多無用之物，多累呀！

　　各位大力士，做苦力太久，辛苦了，檢視一下，肩上的幾塊木頭是不是也該卸下。

22 磨瓦成鏡

馬祖禪師早年跟隨南嶽懷讓禪師參禪，有一天，南嶽禪師問馬祖禪師：「馬祖，你最近都做些什麼？」

馬祖回說：「我每天坐禪。」

「坐禪有何用？」馬祖又回：「我想成佛。」

南嶽禪師看到馬祖如此，便轉身拿了一塊瓦，在石頭上用力地磨了起來。

馬祖看了奇怪，便問禪師：「師父磨這瓦片做啥？」

「我要將它磨成一面鏡子。」南嶽禪師慎重的說。

「瓦片哪能磨成鏡子呢？」馬祖疑惑地說。

南嶽禪師回答：「既然瓦片不能磨成鏡子，那麼只是坐禪又要怎樣成佛呢？」

馬祖一楞，問：「那麼要怎樣才能成佛？」

南嶽禪師說：「就像人在駕馭牛車一樣，眼看著車子不動了，你認為是打車子？還是打牛？」馬祖聽完，有如醍醐灌頂，此後便專心跟著南嶽禪師參禪。

說 禪

有言：「天下無難事，只怕有心人。」有心人要成功，也要選對方法，否則便如同駕馭牛車，只是拼命打車，本末倒置，做了白工。牛都不跑，牛車會跑嗎？

191

禪

23 不假外求

　　大珠慧海和尚修行至瓶頸時，特地從老遠的地方趕來參拜馬祖大師。

　　大珠拜見馬祖禪師時，禪師問：「你從何處來？」

　　大珠答道：「越州大雲寺。」

　　禪師問：「來這裡有什麼事？」

　　大珠說：「我是來求佛法的。」

　　禪師說：「我這裡什麼也沒有，求什麼佛法？你放棄自家寶藏不顧，離家亂跑做什麼？」

　　大珠聽完驚訝地問：「哪裡是慧海的寶藏？」

　　禪師說：「現在問我的那個就是寶藏。它一切具足，更無欠缺，本來自在，何假外求？」

說　禪

　　大珠慧海和尚因為馬祖禪師這一指點就悟道了，他悟到什麼呢？是「我」，從容自在的真我。然現代人普遍覺得寂寞、自卑，外界的誘惑又多，生活中處處趕流行，模仿明星穿著、語言和舉止，甚至整形也要整一樣，幾乎把自己變成了另一個人。

　　雖然我們都知道要「認識自我」，可是這簡單的四個字做起來卻是困難重重。若非大珠和尚聰敏，平日功夫也下得深，基礎很好，又怎可能在馬祖大師的幾句話中就得以開悟？

　　所以我們平日也該不斷地求進步，多警醒自己，多累積自己的深度，從認識自我做起，去尋找生命中最大的寶藏。

24 天生性急

　　盤珪禪師說法淺顯易懂，常在結束之前，讓信徒發問問題，並當場解說，因此慕道而來的學者很多。

　　有一天，一位學者請示盤珪禪師說：「我天生暴躁，不知要如何改正？」

　　禪師說：「是怎麼一個『天生』法？你把它拿出來給我看，我幫你改掉。」

　　學者：「不！現在沒有，一碰到事情，那『天生』的性急暴躁才會跑出來。」

　　禪師說：「如果現在沒有，只是偶而才會出現，那麼就是你碰到事情時，自己造就出來的。你說是天生，將過錯推給父母，實在是不公平。」

　　學者經此開示後，領悟過來，再不輕易的發脾氣。

說　禪

　　美德亦非天生，好比想要擁有能愛人的美德，也是必須經過學習，但是人們往往把自己好的美德歸於自己所生，不記得有誰特別教過，或承自何方；而不好的德行都賴給「天生」，是天賦予的惡性。這樣對嗎？

　　故從現在起，要覺悟了。好的，壞的，都是自己造成的！想要，就努力去打拼學習；不想要，也要努力去學習擺脫。

禪

25　沒有時間老

　　佛光如滿禪師門下弟子大智，出外參學二十年後歸來，正在法堂裏向佛光禪師述說此次在外參學的見聞種種，佛光禪師慰勉地傾聽著。

　　言罷，大智問：「老師，這二十年來，您可好？」

　　佛光禪師道：「很好，很好！講學、說法、著作、寫經，每天在法海裏，世上沒有比這更快樂的生活了。」

　　大智關心地道：「老師應該多休息才是呀！」

　　夜深了，佛光禪師對大智說道：

　　「你休息吧，有話以後慢慢談。」

　　清晨還在睡夢中，大智就隱約聽到禪師房中傳出誦經的木魚聲，白天佛光禪師對一批批來禮佛的信眾開示，講說佛法，回到禪堂還有忙不完的事。

　　好不容易等到禪師有個空檔，大智趕緊問：

　　「老師，這二十年來，您每天的生活仍然這麼忙碌，怎麼都不覺您老了呢？」

　　佛光禪師道：「我沒有時間覺得老呀！」

說　禪

　　孔子說：「其為人也，發憤忘食，樂以忘憂，不知老之將至。」說的正是像佛光禪師這樣的人，佛光禪師忙著為人服務，在法海的生活中，不忘修持自身，傳遞知識，使人生更有意義。是以他是一個禪者，他的生活哲學是一個禪者的生活哲學，更是我們學習的典範。

26　古董商買狗

　　一個專門買賣古董的商人經過一座吵雜的市場。

　　市場邊站著個老人家跟一些圍觀湊熱鬧的行人，原來老人家在吆喝著賣狗仔，一窩新生的狗仔正在布堆裡打轉。

　　那古董商人眼睛一亮，也往前湊去。

　　狗窩裡，初生的小狗正在舔碗裡的食物，十分可愛。可是古董商的眼光落在籠中一只骯髒又不起眼的碗。那碗一般人看來很髒，但看在古董商眼中卻是一陣陣心痛。

　　「哎呀呀！看那花紋！那可是一只明朝的古碗，真是糟蹋！」古董商人心想。

　　「老人家呀，你這籠狗怎麼賣呀？」

　　「一隻兩千。」

　　「我要『整籠』一起帶呢？」古董商心想，這碗價值連城，如果整籠買回去那也是太便宜了！

　　「這樣呀，這裡有六隻，一共一萬二。」老人家回答。

　　「唉呀，我要買你這整籠耶，就一萬啦。」古董商只從口袋掏出一萬，還要殺價。

　　老人家說：「算了，算了，就一萬賣你啦！」

禪

　　古董商樂不可支地想：這次要賺翻了！

　　這時，卻見老人家將狗捉出，分裝到兩只大塑膠籠：「先生，你的狗。」

　　「你不是整個籠子一起賣嗎？」古董商眼睛睜大地說。

　　「你要這籠子嗎？用很久，很髒了，你要嗎？」

　　「那你這髒碗也用不著了，總可以賣我吧？」古董商眼睛動也不動地盯著那只碗。

　　「喔！這碗是家傳的，不賣。」老人家一邊說，一邊把錢收進口袋。

說　禪

　　放餌垂釣，自然是因為海裡有魚，若是上鉤，又怎能怪人收網享用呢？

　　不禁要問：單純很難嗎？簡單很難嗎？對現代人而言，回歸簡樸，消弭心機，反倒顯得不容易。

27　惜福

雪峰、巖頭和欽山三位禪師，結伴四處參訪、弘法。

有一天，他們行腳來到河邊，正商量要往何處托缽時，看到河裡飄來一片新鮮的菜葉。

欽山說：「你們看，河流中有菜葉飄流，可見上游有人居住，我們再向上走，就會有人家。」

巖頭說：「這麼完好的菜葉竟讓它流走，實在可惜！」

雪峰說：「如此不惜福的村民，不值得教化，我們還是到別的村莊去化緣吧！」

當他們三人在談論時，一個人匆匆地從上游處跑來，問道：「師父！我剛洗菜時，不小心讓一片菜葉被水沖走。您們有沒有看到河流中有菜葉流過呢？」

禪師三人聽後，哈哈大笑，不約而同道：

「我們就到他家去弘法掛單吧！」

說　禪

「有」時當思「無」，惜福的人才有福可以享。惜福的人，不只該珍惜物質，還要更愛惜珍貴的健康與心靈。

當用則用，當省則省，珍惜絕非自私，還要不吝分享，讓身邊擁有的資源宛如活泉，與人交流，才不會淪為死水發臭。

28　千兩賞錢

　　從前，有一位樂師，琴藝超絕，演奏的樂曲每每讓聽眾覺得繞樑三日，久久不絕於耳。

　　這樂師名聞遐邇，連國王都聽說了他的名字。

　　一日，國王要在宮中擺宴，便派人去邀請他至王宮演奏，聽說他很忙，還承諾賜他千兩賞錢，請他撥冗。

　　這樂師接到這尊貴的邀請，滿口答應，連忙推去其他活動。因為這千兩賞錢，足以讓他從此無憂無慮地過生活，他的心中得意非凡，每天期待著要去宮中演奏！

　　演奏當天，他使出渾身解數，賣力演出，悠揚美妙的樂曲、精湛動人的琴技，贏得滿堂喝采。

　　表演後，樂師向國王請求賞賜，這時，國王突然覺得千兩賞錢太貴重，後悔了。於是國王狡猾地說：

　　「你所演奏的音樂，只是讓我的耳朵短暫快樂一下而已；所以我說要給你『千兩賞錢』，也只是讓你的耳朵暫時快樂一下罷了！」

說　禪

　　試問，如果你是樂師，請問你會怎麼應對呢？氣憤？傻眼？失望？這些多是心中有貪的反應。

　　如果是個有智慧的樂師，或許會愣了一愣，說：「謝陛下！我一曲換來陛下一生誠信，太值得了。」但這話還是有可能招來禍害。如果是個慈悲又有智慧的樂師，大概會說：「笑納！謝陛下。」人就大方離去。

　　世事如此，凡是握在他人手中或命運才能決定的一切，就不是自己的。而什麼才是自己的？應該是一顆「無欲則剛」的心。

禪

29　　聖人不積

　　夜深人靜，穿著黑衣的小偷翻牆進了一座寺院。

　　摸黑到了和尚禪房，翻箱倒櫃，找不到什麼值錢的東西，正要走時，睡在床上的無相禪師低聲說：

　　「喂！這個朋友，走時請順便幫我把門關好！」

　　小偷先是一驚，隨即應說：「原來你這麼懶，連門都要別人關，難怪這裡一點值錢的東西都沒有。」

　　禪師坐起說：「朋友，你太過分了，難道要我老人家每天辛辛苦苦工作，再買東西給你偷嗎？」遇到這種和尚，小偷一點辦法也沒有，只得摸摸鼻子走人了。

說　禪

　　小偷想偷的是財物，越多財物當然越怕他人來謀取；然而越擔心，日子就越不安穩，連睡覺都要煩惱。

　　禪師清心寡慾，兩袖清風，不需要太多外在的炫耀，所以身無長物。他滿懷的寶物是心無罣礙的智慧，這哪是他人偷得去的呢？

　　老子說：「聖人不積。」聖人不必追求外在的知識，更不必追求物慾來占為己有。我們不必要求自己當聖人，但是可以選擇積少一點，多往自己心裡看一點。

30 三步雖活，五步須死

有一個僧人拜訪藥山和尚，問：「平坦的田裡，綠草茂盛，戲鹿成群。怎樣才能射中大鹿中的大鹿呢？」

藥山是平田寺的住持，這僧人以平坦田地及鹿群影射平田寺中的雲水和尚們，而這支來者不善的鋒利禪箭則對準藥山和尚。沒想，藥山和尚喝道：「看箭！」這僧人立即佯裝倒地。

照話頭，藥山和尚一箭射去，必然要射中大鹿中的大鹿，今這僧人被射中，正因為是鹿中之王呀！

這藥山見狀，早知此僧人虛張聲勢的意圖，於是喝道：「徒兒們，把這隻死鹿拉出去埋了。」僧人自知不是藥山的對手，害怕地落荒而逃。

藥山說：「小孩子的把戲！如此一輩子也別想澈悟！」

後來，雪竇和尚聽說這件事就評說：「三步雖活，五步須死。」意思就是說：跑啊，看你能跑去哪？三步之內雖然還活著，第五步就非死不可了！

說禪

真心才經得起考驗，因著虛榮而來的謊言、自以為是，或許在剎那間可以展現燦爛華麗的表相迷惑他人，但是在真正的師父眼中，不值分文，一眼揭穿；在時間的軌道上，也早晚出軌。

禪

31 梨

一對夫婦在自家院子裡種了一棵梨樹，他們日日期待著梨果成熟。一天，終於收成了三顆梨，梨子汁多味美，兩人高興地各吃了一個，還剩下一個。正想要分來吃時，太太突然想到：「唉唷！『分梨』不好啦！是個壞兆頭！」

這一想，原本要切梨的太太就先擱下動作。但夫妻兩人都覺得梨子好吃，意猶未盡，竟然拿起那顆梨來打賭：今兒誰先說話就算誰輸，輸的人就不得吃這顆梨。於是夫婦兩人整日噤聲。不巧，有賊來偷東西，把所有值錢的東西搜括一空，正準備離去時撞到桌角，驚醒夫婦，沒想到兩人為了賭一個梨，還是一聲不響，眼巴巴地看賊離去。

那賊見他們默不作聲，膽子更大，還回頭想去侵犯婦人，這丈夫看了依舊不發一語。婦人急了，叫了起來，對丈夫說：「你真過分啊！為了顆梨，就連賊來欺辱我，你都不吭聲！」沒想到，這時丈夫卻拍手大笑說：

「哈哈，妳先開口了，我贏了，梨歸我吃了。」

說 禪

是愚昧嗎？是癡傻，還是堅持？細想人與人之間的意氣之爭，不也是像這樣嗎？到底得到了什麼？又損失了什麼？

禪

32　糞裡的蛆蛆

　　人說名師出高徒，趙州禪師一次跟弟子文遠比賽：

　　趙州禪師說：「文遠呀，咱們來比賽吧，看誰贏了，誰就輸掉一塊餅。」

　　文遠是趙州禪師的弟子，他說：「師父要比什麼呢？」

　　禪師說：「我們來比『輸』，看誰能把自己比得最低下，就贏了。」文遠弟子說：「那就請師父先開始吧。」

　　趙州禪師說：「我是一頭驢子。」

　　「那麼我就是驢子的屁股。」弟子文遠接著說。

　　「我是驢子的糞。」趙州禪師又接著說。

　　「哈哈，那我是糞裡的蛆蛆。」文遠又答腔。

　　「你在糞裏做什麼？」趙州禪師反問文遠。

　　「我在那兒度假游泳。」文遠答。

　　趙州禪師說：「好吧，你贏了。」一面說著，一面拿起弟子的餅咬一大口。

> **說　禪**
>
> 　　心無拘無束，如同孩子般純真，是因為心中無牽掛，才不受拘束。不管是屁股也好，糞也好，蛆也好，餅也好，在他們的眼中都是只是虛妄，只是空。大千世界，一場遊戲一場夢，過得有趣一點又何妨？

33　兩條船

　　據說乾隆皇帝下江南的時候，有一天來到江蘇的金山寺。

　　乾隆坐在金山寺的客堂裡，往外看去，風景很好，尤其江水上面來來往往的船隻很多。

　　乾隆問站在身邊的和尚：

　　「請教和尚，你在這裡住持了多久？」

　　和尚說：「在這裡幾十年了。」

　　乾隆說：「你每天看到那麼多船隻，在這江面上來來去去，數不盡吧？」

　　和尚說：「我看了幾十年，江上只有兩條船嗎。」

　　乾隆問：「怎麼說呢？眼前不就有那麼多船嗎？」

　　和尚說：「這些船一條為『名』，一條為『利』，不管幾千艘、幾萬艘船在這裡來往，不是為名，就是為利。」

說　禪

　　櫥窗外熙熙攘攘的人群，馬路上來來往往的車子，怕也都是從這兩艘船下來的吧！

禪

34　四兩撥千金

　　有一天，仙崖禪師出外去教化眾生，經過一條街，看到一對夫妻在吵架。

　　太太罵丈夫：「你一點都不像個男人，沒出息！」

　　先生氣沖沖地恐嚇：「妳再講！再講我就打死妳！」

　　「你打！你打！你就是不像個男人！」先生一個箭步衝上去，啪！一個耳光打下去。

　　仙崖禪師忽然高聲叫喊：「來看喔！來看喔！看鬥雞、鬥蟋蟀要錢，這裡免費欣賞鬥人喔！」

　　這一喊，街上人家紛紛好奇圍攏來看。那夫妻不但不停，還吵得更兇，先生跳腳大罵：「我今天就打死妳！」

　　太太狠狠罵：「你打呀！你殺呀！」

　　禪師更大聲喊：

　　「愈來愈精采了，現在要殺人了，快來看唷！」

　　看熱鬧的人群中，終於有人聽不下去，回頭對仙崖禪師說：「喂！和尚！人家夫妻吵架，關你甚麼事？」

　　禪師嚷嚷說：「怎麼不關我的事？你沒聽他們說要殺人，人死以後，他要找和尚替他唸經、超度，那我不就有錢收了嗎？怎麼不關我的事呢？」

　　那人一聽：「真是豈有此理！為了唸經、賺錢，人家夫妻吵架，你卻在這裡幸災樂禍。」

　　兩人吵了起來，愈吵愈大聲，很多人朝這邊圍過來，那對夫妻不知覺湊過來看熱鬧。

　　仙崖禪師看他們夫妻不吵了，就對他們說：「做夫妻，應該要互相敬愛。要像太陽般溫暖對方，像和風般吹拂對方。希望你們以後要互相扶持，不要再吵架了。」

說禪

　　禪不是墨守成規，誰說一定要坐下來說理，一定要頭頭是道？偶而要耍手段，以聰明的權謀化解僵局，四兩撥千金，既不傷人，又容易入耳。

35 怕痛的石頭

名雕刻師欲雕塑一尊大佛，精挑細選後，看上一塊質感上乘的大石。沒想到才拿起電鑽敲琢幾下，這塊石頭就痛不欲生，不斷哀嚎：「唉呀！痛死了！痛死了！不要再鑽了，饒了我吧！」師傅只好停工，任其躺在地面。

師傅另外再找了一塊大石，可是質感看起來比第一塊差了點。

他重新開始工作，只見這較差的大石，任憑琢磨一概咬牙承受，不多言一句抱怨。

師傅因此更加仔細工作，當作品完成時，引起參觀者的迴響，讚嘆它是天成的傑作，因此還被信徒供奉起來，接受膜拜，香火鼎盛，遠近馳名。

不久，無法忍受雕刻之痛的那塊大石，被人切割鋪在通往廟宇的馬路，人車經過頻繁，又要受風吹雨打，痛苦不堪，內心十分憤恨不平。

他生氣地質問廟裡的大佛，說：

「你資質比我差，卻可以坐在那裡，享受人間禮讚，我明明是一塊好石，卻每天遭受凌辱踐踏，日曬雨淋，你憑什麼？」

　　大佛只是微笑：「你可以從現在開始學習忍耐，學習不埋怨，學習喜歡你的工作。」

說　禪

　　同樣是億萬年前的木材，埋在土裡億萬年後，結果處在一般沉積環境的木頭變成木炭；然埋藏在火山附近，經過高壓高熱鍛鍊的卻可以成為鑽石。

　　玉不琢，不成器。沒有經過雕琢的石頭只是顆石頭，雖然沒有人規定我們非得吃苦，但是不可否認的是，生命的確是需要一番磨練，才能更顯光亮。

禪

最完美的創造

　　禪的生活哲學，並不限定在任何宗教，有位牧師爲信徒講道，他說：「我們都是從天而降的天使，每個人都是上天獨特的完美恩賜。」

　　會中有人不服牧師的講法，站起身來，指著自己的鼻子，說：「如果照你所說，人是從天而降的天使，請問有塌鼻子的天使嗎？」另一位腿短的小姐也起身附和：「對呀！有腿這麼短的天使嗎？」

　　牧師微笑地回答：「上帝的創造都是完美的，而你們兩人也的確是天使來降臨，只不過……」

　　牧師指著那位塌鼻子的先生說：「你降落的時候，是鼻子先著地。」

　　「而你，」牧師又指那位嫌自己腿太短的小姐說：「雖是用腳著地，卻在降落的過程中，忘了打開降落傘。」

　　就在此時，有一位駝背的人站起來說：「那我呢？大家看看我，我又駝又醜，難道也算是完美嗎？」

　　牧師看了他之後說：

　　「嗯，你是我所見過最完美的駝背。」

禪

說 禪

　　相由心生，亦隨心轉，決定自己美或醜的人到底是誰？是別人還是自己？

　　人身難得，既已出生爲人，如果只是每天擔心自己的外殼，不昇華內在的靈魂，豈不可惜？雖然人的五官、外表有美醜之分，但是表現在外的聲音、表情、態度、禮節、風采、氣韻和肢體動作等，還是可以靠後天的生活習性來培養。所謂一枝草一點露，每個人都該相信自己是完美的個體！

　　現在，你還覺得自己的腿太短太粗嗎？不妨想想：這雙腿還很好用呢！走路的姿態或許更重要吧。

　　你覺得鼻子太塌嗎？如果一整天鼻塞、流鼻水，你大概會覺得只要能呼吸到新鮮的空氣就好吧。

　　要對自己有信心，接受自己，相信自己，而不是隨著他人的喜好去變化自己，看低自己。努力修持自身，氣度才會越來越華美。

37　天氣預報

　　一群伐木工人進駐高山林區，由於山上沒有電視，不知氣候變化，又必須提防下雨帶來的山洪災害，所以這群伐木工人常收聽收音機的氣象報導。

　　在林區的日子久了，他們和當地原住民漸漸熟絡。在談天中發現原住民們有一種「特異功能」，就是對於隔日的天氣掌握得相當準確。只要原住民斷言隔日會下雨，第二天一定不會是晴天。

　　因此，伐木工人不再仔細收聽收音機，改向原住民們請教氣候的變化，而他們也不厭其煩地每天預報氣象。

　　伐木工人對原住民這種預測的本事非常佩服，直到一日，原住民告訴他們說：「以後沒辦法預報天氣了。」

　　伐木工人詫異地問：「為什麼不能？你們的能力呢？」

　　原住民嚴肅地答：「收不到了。」

　　伐木工人更是詫異：「什麼收不到？」

　　原住民答：「我們族裏唯一的一架收音機，昨晚被小孩弄斷天線，所以收不到了。」

禪

說　禪

　　人往往如此，捨近求遠，妄自菲薄，忽略自己的能力，輕視自己的判斷，而去迷信莫名的神祕力量。一種不肯定自己的人生態度，最後往往換來荒謬的結果。

38　　　學習禮讚

有一個丈夫問妻子：

「爲什麼神要把女人造得那麼美？」

妻子回答：「這樣的話，你們男人才會愛上我們。」

丈夫接著露出一副不以爲然的表情，又問：「那麼，妳說爲什麼神會把妳們造得那麼愚蠢？」

妻子說：「這樣剛好能配上你們啊！」

說　禪

近則狎，人常常如此，太過親近就會失去界線，一旦失去界線，也就沒有了尊敬，沒有了距離美感，結果從前所愛的一切慢慢變成俗不可耐。

事實上，人我之間的本質有沒有改變？難道因爲時間，因爲相處，就輕易地忘記對方也是一個完整的個體？

自己的伴侶是自己選的，身邊的人能夠相互認識，也是緣分造就。如果因爲親近就可以輕視，那如何跟身邊的人結善緣？

人與人之間，原本就像一面鏡子。你笑，對方就還你笑；你哭，人也對你哭。所以想要有好的人緣，要學習多禮讚，就是以欣賞的態度、讚美的態度去面對事物。

217

39 即心即佛

　　日本十大禪師之一的白隱禪師，晚年曾經捲入一件醜聞：當時，村裡的一位少女生下一個私生子，少女的父母非常生氣，每天逼問少女說出孩子父親的名字。少女剛開始頑強抵抗，怕生氣的父親傷害愛人，後來經不起父母的責難逼問，竟然說孩子的父親是白隱禪師。

　　少女以為父親敬重白隱禪師，會因此寬恕她的過錯，沒想到父親卻大發雷霆，帶一大堆人前往白隱禪師的寺院追究，大罵禪師是「淫亂僧」，並強迫他收養這個私生子。

　　禪師說：「是這樣嗎？」就收養了嬰兒。

　　醜聞一夕傳遍村落，原本受人尊敬且德高望重的禪師，現在被村民在背後指指點點。

　　但是第二天起他仍然沿戶托缽化緣，還懇求村裡的婦人給未足月的孩子授乳。

　　過了一段時間，少女受不了良心的譴責，向父親說明原委，澄清禪師的罪名。少女的父親聽後大驚，連忙帶人趕向禪師懺悔，並將嬰孩要回。

　　白隱禪師聽完以後，也沒有委屈生氣，只是簡單和氣地說：「這小孩是你們的，那你們就抱回去吧！」

說　禪

　　「即心即佛」就是掌握全部的心，不因外在分心，不被外物牽引，才是最澄淨的真性。禪師不管周遭人的眼光與批評，他相信自己的清白，對世間的毀譽無動於衷，因此，被誣賴時是如此，澄清時也是如此。

　　而寬容與慈悲是需要經過考驗的，一般順遂的環境，有太多人滿口慈悲仁愛，試問有多少人真正服膺？有多少人可以看住自己受害時的不滿情緒？有多少人可以不讓醜聞與誣陷擊倒？

禪

40 畫人畫面，難畫心

月船禪師是一位繪畫高手，可是每次作畫前，堅持購畫者必須先行付款，否則絕不動筆，這種作風，讓當時的望族人士有微詞批評。

有一天，一位女士請月船禪師幫她作一幅畫，月船禪師問：「妳要付多少酬勞？」

「你要多少就付多少！」那女子回答道：「但我要你到我家去當眾揮毫。」

月船禪師應約前去，原來那女士家中宴客，有許多客人在場。月船禪師拿了酬勞，便磨墨為她作畫，畫成之後，意欲離開。

那女士突然對客人說道：

「這位畫家只知要錢，他的畫雖然畫得很好，但心靈骯髒，金錢污染了畫的美。出於這種污穢心靈的作品實在不適合掛在客廳，只夠資格裝飾我的裙子。」

說完就把自己穿的裙子脫下，要月船禪師在它後面作畫。

月船禪師問：「妳出多少錢？」

女士答：「隨便你要多少。」

　　禪師開了一個特別昂貴的價格，收錢後，依照那位女士的要求在裙上畫了幅畫，畫畢立即離開。

　　很多人懷疑禪師，爲什麼只要有錢就好？受到任何侮辱都無所謂嗎？原來，禪師居住的地方經常發生災荒，有錢人不肯出錢救助窮人，因此他建了一座倉庫貯糧，以應飢荒賑災之用。另外還因爲他的師父生前發願建寺，可惜還沒完成就已仙逝，故月船禪師想要完成師父遺志。

　　當禪師完成這兩大志願後，立即拋棄畫筆，退隱山林，從此不再作畫。

　　他留下這樣的話：

　　「畫虎畫皮難畫骨，畫人畫面難畫心。」

說禪

　　因爲欲望與現實，錢，誰不愛呢？只要心乾淨，錢又何嘗會髒？然而只要是牽扯到錢的問題，就是毀譽拉鋸，且往往落得輸的地步。

41 人生的結餘

　　兩個人躺在醫院的洗腎室，剛好排在隔壁床，一邊洗腎，一邊聊起來，甲說：「昨天我叫我兒子去幫我買一塊風水寶地，花了一百萬。」

　　乙說：「我也叫我兒子去看了。」

　　甲是位有錢人，趾高氣昂的看他一眼，高傲地說：「你看的地方在哪裡？」

　　乙說：「我在廟裡買了座靈骨塔。」

　　甲這個有錢人神氣地說：

　　「靈骨塔？跟一堆人擠在一起呀！」

　　乙很清楚有錢人甲話中的意思，一臉從容地說：「我是沒什麼錢，可是走到人生的最後一步，我們都在這裡洗腎，你也只多一百萬罷了。」

說　禪

　　有句話說：「蓋棺論定。」人生結算時，是活著的人算，死去的人還剩有什麼？什麼都沒有。

　　所以，短短的生命，唯有努力活在每個當下，把握自己的生命品質，才對得起自己。

42 學習放鬆

　　小時候，奧國已故的小說家維克彭非常容易緊張。有次參加豎琴比賽，他竟然緊張到手痙攣，以致無法演奏。

　　九歲那年，他跟幾個小朋友在公園裡玩時，認識了一位老人，這位老人是馬戲團的退休小丑，後來他們經常跟這位老人玩。

　　有一天，維克彭因為玩遊戲緊張地摔倒，手腕扭傷，雙膝也流血，老人看了把他扶起來。

　　過幾天，那位老人告訴他們說：「人生在世第一件得學習的就是：摔倒不受傷。從椅子上栽跟頭，做事栽跟頭都不在乎！我曾學習摔倒不受傷的本領，我來教給你們。」

　　老人教孩子們玩翻跟斗之類的把戲，訓練孩子的反應，掌握身體的韻律。

　　老人說：「如果你假裝自己是一只舊襪子，不會受傷，不會痛，就不在乎摔倒了。我們來假裝自己是舊襪子吧！不要硬撞。注意！放輕鬆，別讓肌肉緊繃，你們很軟、很軟，只是舊襪子。」

　　就這樣練習、練習、再練習，老人把他舉起，往下一扔，他竟然沒有受傷。

　　維克彭說，他從此得到教訓：每遇到急事就告訴自己，不要緊張，把自己當做一只軟綿綿的舊襪子，身體如此，精神也如此。

說　禪

　　生活讓人緊張，但是緊張來自於何處？來自於許多失敗、危險和痛苦的經驗，一個人的得失心越重，越是擔心害怕受到傷害。

　　去海邊逐過海浪的人應該有這樣的經驗，因為不想弄濕褲子，所以不敢走到太深的地方，只是遠遠地看見浪來時，好像就要打到自己全身，於是緊張地幾乎要跳起來，但是浪呢？在來到眼前時輕撲在腳上而已。

　　很多時候，我們會放大困難，遇到事情全身緊張，變得歇斯底里，反而將事情越搞越糟。這時如果能夠從容一點，學習放輕鬆的技巧，深呼吸一下，不僅對健康有益，對事情的進展或許也有更實際的幫助。

43 　 罪過

　　有一群人等著要過河,船夫把渡船從沙灘推到河裡,河邊的小魚、小蝦、小螃蟹,因為兩岸船隻的往來,壓死了不少。

　　等候乘船的人很多,其中有一位秀才和一位禪師。

　　秀才見渡船壓死魚蝦的情況,就問禪師:「和尚,你看船夫把船推下水的時候,壓死那麼多魚、蝦、螃蟹,你說這是誰的罪過呢?是乘船的人,還是船夫的罪過?將來這個殺生的罪業,是要歸於乘船的人,還是船夫?」

　　禪師指著秀才說:「是你的罪過。」

　　秀才很生氣的說:「怎麼會是我的罪過?我不是船夫,也沒有乘船,怎麼會是我的罪過呢?」

　　禪師喝斥說:「因為你多管閒事!」

說　禪

　　船夫的工作是擺渡,心裡沒有殺意;乘船的旅客,只是過河,也沒有殺生的惡念。他們的無心,原像虛空一樣澄淨,但卻遭秀才有意撩撥,起心動念。

　　人世間也有不少愛平地生波的人,喜好評論他人長短,卻不自知自己好壞是非,讓身心不得自在,也要牽扯他人下水。這才真是罪過呀!

44 學習同理心

一隻小豬、一隻綿羊和一頭乳牛，被關在同一座畜欄。

有一次，主人捉住小豬，牠大聲號叫，猛烈地抗拒。

綿羊和乳牛討厭牠的號叫，便說：

「他常常捉我們，我們都不會大呼小叫。」

小豬聽了回答道：

「捉你們和捉我完全是兩回事，他捉你們，只是要你們的毛和乳汁，但是捉住我，卻是要我的命呢！」

說　禪

　　為什麼人們常覺得自己不被了解？那到底該怎麼做，才能讓他人了解我們呢？

　　人們往往因為立場不同、所處的環境不同，而忽略他人感受，造成人際疏離。疏離來自於冷漠，要拉近人與人之間的距離，只有靠著真心的關懷。

　　學習「同理心」是人生重要的課題，對別人的失意、挫折、傷痛，要學習關懷的精神，不是八卦好奇，而是懷著「了解」的心情。

禪

45　幸福在哪裡？

網路上流傳一段有趣的對話：

草原上有對獅子母子，小獅子問母獅子：「媽媽，幸福在哪裡？」母獅說：「幸福就在你的尾巴上啊！」

於是，小獅子不斷追著尾巴跑……但始終咬不到。

母獅笑道：「傻瓜！幸福不是這樣得到的。只要你昂首向前走，幸福就會一直跟隨著你！」

說　禪

「昂首往前」說得容易，要做到卻是困難。人的年紀越大，往往肩上所背的包袱也跟著越重，有時重到讓人連抬起頭的能力都不見，而這個包袱更常壓得人喘不過氣，如何快樂往前？

你知道這個包袱裝了些什麼嗎？是自己的過去、經驗、記憶、一切的一切。

有的人的包袱整齊，但大多數人的包袱都是凌亂的，這包袱裡裝著愉快跟不愉快的各種記憶、重要跟不重要的人生故事，還有痛苦跟不堪回首的各種生命經驗。

一般人常常將這些「過去」亂塞進自己所負的背包，偶而拿出來自喜、自憐、自傲。還有一些人的「過去」就像纏身的夢魘，不是自己所能控制，偶而從包袱中爬出來，纏繞人的全身，揮之不去，痛苦糾纏。

昂首往前不容易，但頻頻回首過去又如何是好？適當的時候，也要打開生命的包袱，檢視一下，整理一下，把「過去」拿出來，看一看，熨一熨，瞧個仔細，或許會有點痛，有點心酸，流一點淚，但是要告訴自己：

　　「一切都已經過去了，現在的我很好。」

　　把開心的和不開心的過往，一件件折好、整理好，你會發現包袱變小，空間更大，能量更強，就像小獅子有力量昂首往前，讓幸福一直跟隨在我們的身後。

46　真正的興旺

　　有一位富翁希望他的家族能永遠興旺下去，特別請仙崖禪師寫句祝福話，好做傳家之寶，世代相傳。

　　禪師在一張紙上寫道：「父死，子死，孫死。」

　　富翁看了很生氣，罵說：「我請你寫一些祝福的話，你怎麼詛咒起我們來了！這玩笑未免開得太大了！」

　　禪師說：

　　「我不是在開玩笑。如果你的兒子比你先死，那你一定會十分悲痛。如果你的孫子比你的兒子先死，你跟你的兒子一定也會非常悲痛。如果你家的人能一代代照順序而死，這就叫做『安享天年』，也就是我所理解的真正興旺。」

說　禪

　　人生的發展如果是一步步照著順序，不要有太多的意外和萬一，不要有太誇張的起伏，其實真的是很難得的幸福。

　　每個人的價值觀都不一樣，對於生命的期許也不同。有的人希望發大財，有的人希望有權有勢，但有多少人真正懂得恬淡平凡的樂趣呢？

47　在乎

　　在暴風雨後的一個早晨，一個男人來到海邊散步。他一邊沿海邊走著，一邊注意到，在沙灘的淺水窪裡，有許多被昨夜暴風雨打上岸的小魚。

　　被困的小魚，也許有幾百條，甚至幾千條。太陽一出來，不要多久，小魚都會乾死的。

　　男人繼續朝前走。他忽然看見前面有一個小男孩，走得很慢，而且不停地在每一個水窪旁彎下腰去。原來他在撿起水窪裡的小魚，並且用力地把牠們扔回大海。

　　這個男人停下來，注視著小男孩拯救小魚生命的行爲。終於，這個男人忍不住走過去：

　　「孩子，這水窪裡有這麼多小魚，你是救不完的。」

　　「我知道。」小男孩頭也不抬地回答。

　　「喔？那你爲什麼還在扔？誰在乎呢？」

　　「這條小魚在乎！」男孩兒一邊回答，一邊拾起一條魚扔進大海。

　　「這條在乎，這條也在乎！還有這一條，這一條，這一條……」

說 禪

　　許多時候我們在做事的同時，會不會考慮到：真正在乎的是誰？

　　大多時候，當我們在說「我在乎你」、「我愛你」時，其中深層的含意往往是「我在乎的是我自己」、「我愛的也是我自己」。

　　「愛」不是單單從自己的喜愛來考量，「在乎」也不僅是從自己的需要來衡量就可以。當別人不愛你的時候，你硬要對方接受自己的心意，能算是真愛嗎？當別人需要時，你還是以自己的需要來考量，是真的在乎嗎？

禪

48　創造雙贏

　　雖然古語有言：「忍一時風平浪靜，退一步海闊天空。」但是骯髒的環境的確是讓人忍無可忍的。

　　一戶人家的鄰居養了一群雞，但又不善盡管理之責，放任雞群亂跑，隨地排洩，致使到處髒臭不堪，居住環境惡劣。這戶人家的主人相當痛苦，為此，他多次向鄰居抗議，請他們改善，然而鄰居的關係已經惡化，事情老是沒有結果。

　　這戶人家的主人想了想，某天取了一籃雞蛋送給這養雞鄰居，隔天又拿一籃送給鄰居，接二連三，鄰居終於忍不住向他開口問起：「怎麼會有這麼多雞蛋？」

　　這戶人家說：「『生雞蛋嘸，放雞屎有。』是人人討厭的事，也不知是誰家的雞，跑到我家生蛋，吃不完拿來和你分享，相信你會歡喜。」

　　從此以後，養雞鄰居的雞不再到處出現，他的鄰居也不再為雞糞所苦。

說　禪

　　這戶主人「以退為進」，讓養雞鄰居先「善意」開口，釋放溝通的管道之後，他才趁機打一劑強心劑，讓鄰居自覺：「人都喜歡美好的東西，不喜歡骯髒的事物；我願意將雞蛋分享給你，怎麼你老是還我雞屎呢？」如此不但省去爭端，問題也順利解決，兩造的關係說不定也跟著改善。

　　人常為了爭一口氣，處處與人爭鋒相對，然要解決問題和困難，不見得要破口大罵或大吵一頓，因為這樣只會造成人與人之間溝通的管道封閉。

　　應該冷靜地思考自己想要什麼結果，也給對方台階下，創造雙贏局面，才是真正解決問題之道。

禪

49 　　 戒急

　　某甲買了棟帶著大院子的房子，他一搬進去，就將院子全面整頓，雜草、無名樹一律清除，改種自己去賣場買的花卉。一片原本亂七八糟的花園，頓時看來花團錦簇，他感到非常得意。

　　某日原屋主有事往訪，進門時大吃一驚地問：「那株名貴的牡丹哪裡去了？」這時某甲才發現，他竟然把牡丹當雜草給拔了。後來，他又買了一棟房子，雖然院子更是雜亂，他卻按兵不動。

　　果然冬天以為是雜樹的植物，春天裡開了繁花；春天以為是野草的，夏天裡綻放芬芳；半年都沒有動靜的小樹，隔年突然結果。直到暮秋，季節更迭後，他才真正認清哪些是無用的植物，始大力剷除，使所有珍貴的草木得以保存。

> ### 說　禪
>
> 　　珍貴的花草樹木不可能一年四季都在展現姿態，它需要休養生息，也需要儲存能量以應下次燦爛開花的時刻。人的好壞也不是一夕可察，與人相處時，給對方一些時間，也等於給自己一個機會。

國家圖書館出版品預行編目資料

天天天禪／謝怡慧編著. —— 初版. ——臺中市 ：
好讀, 2005[民94]
　面： 　公分，——（名言集;11）
　　ISBN 957-455-903-3（平裝）

224.517　　　　　　　　　　　94014545

名言集11

天天天禪

編　　著／謝怡慧

繪　　圖／柯麗卿

總　編　輯／鄧茵茵

文字編輯／林碧瑩

美術編輯／賴怡君

發行所／好讀出版有限公司

台中市407西屯區何厝里19鄰大有街13號

TEL:04-23157795　FAX:04-23144188

http://howdo.morningstar.com.tw

e-mail:howdo@morningstar.com.tw

法律顧問／甘龍強律師

印製／知文企業（股）公司 TEL:04-23581803

初版/西元2005年10月15日

總經銷／知己圖書股份有限公司

http://www.morningstar.com.tw

e-mail:service@morningstar.com.tw

郵政劃撥：15060393

台北公司：台北市106羅斯福路二段95號4樓之3

TEL:02-23672044　FAX:02-23635741

台中公司：台中市407工業區30路1號

TEL:04-23595820　FAX:04-23597123

定價：250元

Published by How Do Publishing Co.LTD.

2005 Printed in Taiwan

ISBN 957-455-903-3

好讀出版社　編輯部收

407 台中市西屯區何厝里大有街13號1樓
電話：04-23157795　傳眞：04-23144188
E-mail:howdo@morningstar.com.tw

新讀書主義─輕鬆好讀，品味經典

------------- 請沿虛線摺下裝訂，謝謝！ -------------

更方便的購書方式：

1.網站：http://www.morningstar.com.tw

2.郵政劃撥　帳號：15060393　戶名：知己圖書股份有限公司
　請於通信欄中註明欲購買之書名及數量

3.電話訂購：如爲大量團購可直接撥客服專線洽詢
　　◎如需詳細書目可上網查詢或來電索取
　　◎客服專線：04-23595819-232　傳眞：04-23597123
　　◎客戶信箱：service@morningstar.com.tw

書名：天天天禪

1. 姓名：＿＿＿＿＿＿＿ □♀ □♂ 出生：＿＿年＿＿月＿＿日
2. 我的專線：（H）＿＿＿＿＿＿＿ （O）＿＿＿＿＿＿＿
   　　　　　FAX＿＿＿＿＿＿＿ E-mail＿＿＿＿＿＿＿
3. 住址：□□□＿＿＿＿＿＿＿＿＿＿＿＿＿＿＿＿＿
4. 職業：
   □學生 □資訊業 □製造業 □服務業 □金融業 □老師
   □SOHO族 □自由業 □家庭主婦 □文化傳播業 □其他＿＿＿
5. 何處發現這本書：
   □書局 □報章雜誌 □廣播 □書展 □朋友介紹 □其他＿＿＿
6. 我喜歡它的：
   □內容 □封面 □題材 □價格 □其他＿＿＿＿
7. 我的閱讀嗜好：
   □哲學 □心理學 □宗教 □自然生態 □流行趨勢 □醫療保健
   □財經管理 □史地 □傳記 □文學 □散文 □小說 □原住民
   □童書 □休閒旅遊 □其他
8. 我怎麼愛上這一本書：

＿＿＿＿＿＿＿＿＿＿＿＿＿＿＿＿＿＿＿＿＿＿＿＿＿＿
＿＿＿＿＿＿＿＿＿＿＿＿＿＿＿＿＿＿＿＿＿＿＿＿＿＿
＿＿＿＿＿＿＿＿＿＿＿＿＿＿＿＿＿＿＿＿＿＿＿＿＿＿

★寄回本回函卡

將可收到晨星出版集團最新書訊（電子報）及相關優惠活動訊息。

『輕鬆好讀，智慧經典』

有各位的支持，我們才能走出這條偉大的道路。

好讀出版有限公司編輯部　謝謝您！